小学语文古诗专题学习丛书

我在剧场学古诗

小学古诗专题学习

杨亚男　主编

上海交通大学出版社
SHANGHAI JIAO TONG UNIVERSITY PRESS

内容提要

　　本书为小学语文古诗专题学习丛书之一,是一本学生用书,也是一本教师用书;选用了义务教育教科书(五·四学制)语文教材中的古诗,内容包含"家国之思""边塞风情""传统节日""友情绵长""稚子欢歌"五个篇目,旨在构建古诗"剧场式"学习的教学模式。通过自主学习、合作交流、延伸拓展、情景表演、多维评价等环节,充分发挥"导学""研学""督学"的功能,激发学生学习古诗的兴趣,筑牢学生的家国情怀、民族精神,传承优秀的传统文化,使学生在学习的过程中体验真挚的情感及富有生趣的童年时光。

图书在版编目(CIP)数据

　　我在剧场学古诗:小学古诗专题学习/杨亚男主编
. 一上海:上海交通大学出版社,2023.2
　　ISBN 978 - 7 - 313 - 28120 - 3

　　Ⅰ.①我… Ⅱ.①杨… Ⅲ.①古典诗歌－中国－小学
－教学参考资料　Ⅳ.①G624.203

　　中国版本图书馆 CIP 数据核字(2022)第 238290 号

我在剧场学古诗:小学古诗专题学习
WO ZAI JUCHANG XUE GUSHI: XIAOXUE GUSHI ZHUANTI XUEXI

主　　编:杨亚男
出版发行:上海交通大学出版社　　　　　　地　　址:上海市番禺路 951 号
邮政编码:200030　　　　　　　　　　　　电　　话:021 - 64071208
印　　制:上海万卷印刷股份有限公司　　　经　　销:全国新华书店
开　　本:710mm×1000mm　1/16　　　　　印　　张:13.75
字　　数:223 千字
版　　次:2023 年 2 月第 1 版　　　　　　印　　次:2023 年 2 月第 1 次印刷
书　　号:ISBN 978 - 7 - 313 - 28120 - 3
定　　价:78.00 元

序

新冠疫情以来,转移隔离、居家工作、线上教学、线上会议等给我们的生活和学习带来了诸多的不便。但在此期间,我和项目组的伙伴们迎来了一个新的成长期——伴随着我们项目申报的获批,我们在两位学科专家的引领下,潜下心来进行小学古诗资源包建设。从整体构思到撰写体例,从板块划分到风格设计,从分工撰写到反复修改,我们一次次讨论推敲,一遍遍修改调整。从满怀憧憬,到落笔无措,再到剥离混沌、逐渐清晰,我们一步步携手共进,八易其稿。南怀瑾先生曾经说:"人生遭逢的所有困难,都会是修行的道场。"信哉!

2021年,在学校的大力支持下,我作为"依托小学古诗文学习的策略研究,促进教师的专业化发展"这一项目申报的领衔人,参加了上海市师资培训中心举办的"上海市民办中小学中青年优秀教师团队发展计划项目"遴选。从初选到答辩,最后从近200个项目中脱颖而出。但是,入选的欣喜很快转变为开展项目的压力。尽管我已经有了二十多年的从教历程,曾经从杨浦区百花杯的教学比赛,从上海市中青年教师课堂教学比赛中胜出,并获得过全国首届"迦陵杯·诗教中国"读讲写大赛一等奖的荣誉,然而,带领一支教研团队承担"上海市民办中小学中青年优秀教师团队发展计划"这么重要的项目,在我还是第一次。

我所在的上海市民办阳浦小学给予了全方位的支持。从陈缨校长热情洋溢的鼓励,到学校大力度的经费投入,从聘请相关的专家进行辅导,到项目实践环节所需要的场地保障——阳光剧场落成,这一切都让我们备受鼓舞。

上海市民办阳浦小学作为首届获批的上海市古诗文基地,师生的古诗文学习早已蔚然成风,近年来,各年级学生更是在小学生古诗文大赛中频频获奖,学校也连续多年被评为优秀组织奖。而我们课题研究团队成员同样高手云集,有区学科带头人、区骨干教师、区骨干教师后备及教学新秀，个个都是教学骨干。还有三位老师曾荣获过首届、第三届"迦陵杯·诗教中国"全国读讲写大赛的小学组一、二等奖，以及第四届上海赛区的二等奖。和这样一群孜孜以求、奋发昂扬且活力四射的同仁携手同行，何其幸哉！

与此同时，我们项目组有幸邀请了国培专家、正高级教师、特级教师——复旦附中王白云老师和上海开放大学人文学院杨敏教授作为特聘专家全程指导我们的项目实施，为我们提供强有力的专业引领。正是在如此天时、地利、人和的环境下，才有了我们项目的顺利推进，这本书才得以出版面世。

这是一本学生用书，也是一本教师用书，选用了义务教育教科书（五·四学制）中部分古诗，从学生成长所需要的素养出发，对古诗进行研读，并分为"家国之思""边塞风情""传统节日""友情绵长""稚子欢歌"五个篇目，通过古诗"剧场式"学习，培养学生学习古诗的兴趣，关注学科素养，聚焦语言表达，文化自信，筑牢学生的家国情怀、民族精神，传承优秀的传统文化，体验真挚的情感及富有生趣的童年时光。

古诗"剧场式"学习是指学生通过对古诗文本的理解，加上自己的诠释、演绎，以舞台表演的形式将其呈现出来的一种学习方法。这一"以学为中心"的学习方式改变了传统的古诗课堂教学的模式，通过自主学习、合作交流、延伸拓展、情景表演、多维评价等环节，充分发挥"导学""研学""督学"的功能，尤其是古诗"剧场式"情境表演能帮助学生通过对经典的古诗文蕴含的思想及语言的浸润式感悟、内化，从而丰富、提升语言表达的品质，增强中华民族的文化自信。

我们憧憬学生在剧场学古诗中，在传统文化的熏陶下，以文化人，以文育人，为学生的成长提供了丰富的滋养，从而获取生命的力量。

目　录

第一篇　家国之思

　　泱泱中华，悠悠历史，哪一位仁人志士不将家国情怀铭记在心？国家的利益高于一切，有国才有家的情怀融入了每一个中国人的血液之中。让我们走进首篇"家国之思"，一同感受爱国诗人"先天下之忧而忧"的崇高品质。

秋夜将晓①出篱门迎凉有感

[宋]陆　游

三万里②河③东入海，

五千仞④岳⑤上摩天⑥。

遗民⑦泪尽⑧胡尘⑨里，

南望王师⑩又一年。

注释

① 晓：天亮。

② 三万里：虚指。形容长度长。

③ 河：指黄河。

④ 五千仞（rèn）：仞，古代计算长度的一种单位。形容高度高。

⑤ 岳：指五岳之一西岳华山。

⑥ 摩天：迫近高天，形容极高。

⑦ 遗民：指在金占领区生活的南宋子民。

⑧ 泪尽：眼泪流干了。

⑨ 胡尘：胡人骑兵的铁蹄践踏扬起的尘土，引申为金人入侵中原后实施的暴政。

⑩ 王师：指宋朝的军队。

> **诗歌大意：**
>
> 万里长的黄河，向东奔腾流入大海，
> 千仞高的华山，耸入云霄直触青天。
> 南宋遗民在胡人压迫下已流尽眼泪，
> 他们年年盼望着朝廷军队收复失地。

 学习目标

1. 借助注释，理解"河""岳""遗民""王师"等字词的意思。

2. 通过查阅资料，大致了解南宋的政治局面，明白陆游"有感"的原因。

3. 能根据本诗的内容及情感，用自己的语言描绘出诗人描述的山河场景，并展开想象，通过绘画，感受诗歌的意境及作者忧国忧民的情怀。

学习过程

一、学前准备

1. 收集资料，初步了解古诗背景。

2. 朗读古诗，注意诗句停顿。

3. 结合注释，了解诗句大意。

二、背诵古诗

1. 诵读。

(1) 在通读全诗的基础上了解字义。

(2) 借助注释，了解诗句大意。

2. 背诵。

三、合作学习

1. 以小组为单位合作学习。

(1) 阅读资源包中的"学习资料"。

（2）以小组为单位，讨论以下两个问题：

① 诗中的"河""岳"有怎样的特点？

② 遗民的生活是怎样的？可以从哪些语句感受出来？

2. 完成自测。

四、诗画创作

1. 结合古诗内容与学习资料，用自己的话说说古诗前两句呈现的宏大场景。

2. 根据古诗内容，确定绘画内容。

3. 结合背景及人物特点，绘制特定的场景和人物服饰。

4. 以小组为单位，交流诗画创作，结束后对自己的画作进行修改。

5. 评一评。

		评价标准	自我评价	小组评价	教师评价
情境表演	情景构建	☆能大致画出符合诗歌内容的场景	☆☆☆	☆☆☆	☆☆☆
		☆☆能大致画出符合诗歌内容的场景及人物特征			
		☆☆☆能较好展现符合诗歌内容的场景及人物特征，呈现诗歌前两句描写的宏大场面			
	人物演绎	☆人物穿戴符合时代特征	☆☆☆	☆☆☆	☆☆☆
		☆☆结合诗歌背景绘制人物形象，人物穿戴符合时代特征			
		☆☆☆结合诗歌背景绘制人物形象，人物穿戴符合时代特征，通过神态、动作自然地展现人物特点			
	情感表达	☆能基本表现出人物悲伤、失望的心情	☆☆☆	☆☆☆	☆☆☆
		☆☆能通过一定的神态、动作，表现出人物悲伤、失望的心情			
		☆☆☆能通过一定的神态、动作、语言，生动自然地表现出人物悲伤与希望交织的复杂心情			

附学习资料

师者感言

　　家国情怀,古已有之,不论身处何地,都会心念祖国。

　　历史长河中,爱国诗人层出不穷。南宋一代,即有"人生自古谁无死? 留取丹心照汗青"的文天祥,"想当年,金戈铁马,气吞万里如虎"的辛弃疾,以及"抬望眼,仰天长啸,壮怀激烈"的岳飞……

　　陆游也是人们熟知的南宋爱国诗人,我们在脍炙人口的《示儿》中感受到了他浓烈的爱国情怀。而在《秋夜将晓出篱门迎凉有感》中,诗人虽没有直言爱国情怀,但通过祖国大好河山和遗民悲惨生活这两个画面的捕捉、呈现,奠定了全诗悲壮的感情基调,让我们在字里行间直观地感受到诗人对国家壮丽山河的赞美、对遗民悲惨生活的同情,以及对国家前途命运的担忧。

说文解字

字形演变

甲骨文　　小篆　　楷书

意义表达

　　"秋"是象形字。甲骨文呈现出一个蟋蟀的形状。金文加上了义符"禾",表示庄稼。隶变后楷书写作"秋"。《说文·禾部》:"秋,禾谷孰也。从禾,省声。"(秋,百谷成熟。从禾,省声。)"秋"的本义是收成、收获。如范成大《颜桥道中》:"处处田畴尽有秋。"收获的季节在秋天,所以"秋"又引申指秋天,如"秋收冬藏"。由秋天又可以引申指年,如"一日不见,如隔三秋"。

诗海撷英

　　王师北定中原日,家祭无忘告乃翁。　　　　　　　　　　——陆游《示儿》

　　感时花溅泪,恨别鸟惊心。　　　　　　　　　　　　　　——杜甫《春望》

生当作人杰,死亦为鬼雄。　　　　　　　　——李清照《夏日绝句》

但使龙城飞将在,不教胡马度阴山。　　　　——王昌龄《出塞》

人生自古谁无死,留取丹心照汗青。　　　　——文天祥《过零丁洋》

析情赏文

《秋夜将晓出篱门迎凉有感》是一首气势磅礴、悲壮苍凉的爱国诗。面对祖国的大好河山全部沦陷,饱含爱国热忱的陆游挥笔写下此诗,以"望"字为眼,表达了诗人由充满希望到逐渐失望,却不绝望的复杂情绪。

诗的前两句"三万里河东入海,五千仞岳上摩天。"极具气势,意境深沉。"入""摩"二字,化静为动,赋予本身不动的山河以磅礴之感,充满生气,直观展示了北方中原的壮丽山河。与后面河山沦入敌手相呼应,表现了诗人的无比愤慨。

诗的后两句不再给人磅礴之感,笔锋顿转,写尽了悲壮苍凉。"泪尽"二字,饱含心酸苦楚。心怀故国的遗民眼泪都流干了,却也看不到希望。一次次希望都在落空,却仍在盼望。金人的无限压迫,也阻挡不住他们对于王师的期盼。短短两句,将中原人民所受压迫之沉重,经受折磨历程之长久,期望收复失地信念之坚定不移与迫切,都充分表达出来了。一个"又"字,写出了遗民一年又一年,周而复始的期盼始终得不到回应的苦痛。

诗人借写遗民无尽的苦望,实则表达自己对南宋统治者的失望。身处水深火热的遗民仍不忘爱国之志,但是南宋统治者却醉生梦死,罔顾大好河山。诗人也希望借此激起南宋统治者的收复失地之志。

知人论世

❧ **作者生平**

陆游(1125—1210),字务观,号放翁,汉族,越州山阴(今浙江绍兴)人,尚书右丞陆佃之孙,南宋史学家、文学家,爱国诗人。

陆游出生时,正值北宋灭亡,局势动荡混乱之际,他的家庭爱国主义思想浓厚,陆游自小潜移默化,深受爱国思想影响。宋高宗时,他参加礼部考试,遭受宰臣秦桧的排斥,致使他的仕途不顺。孝宗时赐进士出身。中年入蜀,投身军旅生活。嘉泰二年(1202年),陆游奉宋宁宗诏命入京,主持编修孝宗、光宗《两朝实录》和《三朝史》,官至宝章阁待制。晚年退居家乡。

陆游的一生精于写作,笔耕不息,在诗、词、文方面都有很高的成就。他写的诗语言通俗、用词严谨，兼具李白的豪放与杜甫的沉郁，尤其是他诗中的爱国主义之情，对后世影响深远。

🐾 逸闻轶事

"烹饪大师"陆游

陆游被人们熟知是他南宋诗人的身份，其实，他在烹饪方面也十分精通，是个名副其实的"大厨"和"美食家"。在他的作品中，有上百首都在赞叹美食佳肴。他还记述了当时吴中（今苏州）和四川等地的佳肴美馔，对于不少美食都有自己的独特见解。

除了记录美食，陆游还十分擅长烹饪，且厨艺高超。有一次，他就地取材，将蕨菜、竹笋、野鸡等食材做成了一桌美味，色香味俱全，丰盛至极。宾客们兴致盎然，吃得"扪腹便(pián)便(pián)"。此外，陆游还擅长做葱油拌面，且十分自信，认为他做出的味道无人出其二，甚至能和只有神仙才能享用的"苏陀"（油酥）媲美。他还将萝卜、白菜等常见蔬菜做成甜羹，深受江浙居民的喜爱。

陆游在《洞庭春色》一诗中写道"人间定无可意，怎换得玉脍丝莼"，其中"玉脍"指的就是隋炀帝誉为"东南佳味"的"金齑(jī)玉脍(kuài)"。"脍"是切成薄的鱼片；"齑"就是切碎了的腌菜或酱菜，也引申为"细碎"。"金齑玉脍"就是以下霜以后白色的鲈鱼为主料，拌以切细了的色泽金黄的花叶菜。"丝莼"则是用莼花丝做成的莼羹，也是吴地名菜。可见，陆游对美食的研究不亚于苏东坡。

放翁慧眼识树石

在福建省福州市罗源县白塔乡的走马岭，有一处名叫"才翁所赏树石"的著名景观，这一景观之所以能够保留至今且闻名退迩，与陆游密切相关。

"才翁所赏树石"俗称"才翁石"。北宋著名文人苏舜元，字才翁。他在仁宗庆历年间（1041—1048 年）任福建提点刑狱期间，于走马岭的一块大石头上留下了一幅高 60 厘米、宽 78 厘米的题刻。这个题刻一直寂然无名，掩映在杂树乱草丛中，知道的人很少。后来陆游因为赴任福州宁德县主簿，途经罗源县走马岭的时候，发现荆棘中的这个崖石，上面刻着"树石"两个大字，奇古可爱。他赶紧让随从砍去崖石旁边的荆棘，发现上面题刻的其实是六个字——"才翁所赏树石"，题刻者乃是苏舜元。

看着那道劲苍茫的题刻，陆游在敬佩之余，告诉了当地县令，请县令设置护栏把石刻保护起来。"才翁所赏树石"由此一代代传下来。到了清乾隆年间，先后任福宁知府和福州知府的四川人李拔，为此题写了一首五言律诗："千古才翁石,大书列道旁。赏心会独远,寓意味偏长。价自品题重,名因表见彰。摩挲应有祀,言象已忘言。"并且让人在原来的石刻旁树了一个石碑,以示珍重。到了1980年,苏舜元的"才翁所赏树石"和李拔的石碑,被列为县级文物保护单位,以至于至今当地群众依然将它当作祖传宝贝保护。

✒ 创作背景

这首爱国主义诗篇作于公元1192年(宋光宗绍熙三年)的秋天,陆游当时在山阴(今浙江省绍兴市)。南宋时期,金兵占领了中原地区。诗人作此诗时,中原地区已沦陷于金人之手六十多年了。此时虽值初秋,但是眼前的时局使诗人不能安睡。直至天将破晓,陆游步出篱门,心头惆怅,挥笔写成两首《秋夜将晓出篱门迎凉有感》,本诗是其中一首。

知物谈艺

✒ 篱

篱是古诗词中经常出现的一个意象,即篱笆,常用于围在房屋周围,用芦苇、竹子、等材料编成的用于遮挡的物品。内含篱笆这一意象的古诗词,基本都是描写田园乡野的恬淡、闲适。如杨万里《宿新市徐公店》:"篱落疏疏一径深,树头新绿未成阴。"范成大《四时田园杂兴》:"日长篱落无人过,惟有蜻蜓蛱蝶飞。"

✒ 五岳

"五岳"是中华传统文化中五大名山的总称,是古代民间崇敬山神、五行观念和帝王巡猎封禅相结合的产物。五岳分别是指东岳泰山、西岳华山、中岳嵩山、南岳衡山、北岳恒山。

五岳曾是封建帝王仰天功之巍巍而封禅祭祀的地方,更是封建帝王受命于天的象征。"东岳泰山之雄、西岳华山之险、中岳嵩山之峻、北岳恒山之幽、南岳衡山之秀"的风景都是中外闻名的。"五岳归来不看山""恒山如行,泰山如坐,华山如立,嵩山如卧,唯有南岳独如飞"等说法都证实了这一点。

✒ 遗民

遗民一般指亡国之民,陆游在《关山月》词中写道:"遗民忍死望恢复,几处今宵垂泪痕。"它也可以指改朝换代后不愿出仕新朝的人。后引申为隐士,如张登《招客游寺》:"招取遗民赴僧社,竹堂分坐静看心。"它还可以泛指老百姓,如陈亮《胡夫人吕氏墓碣铭》:"因叹承平遗民,虽妇人犹能如此。"

延展阅读

临终示儿

嘉泰三年五月，陆游回到山阴，当时的浙东安抚使兼绍兴知府辛弃疾拜访陆游，二人就国事展开讨论。辛弃疾看到陆游的居所简陋，提出帮他兴修居所，被陆游多次拒绝。

嘉泰四年，辛弃疾奉召入朝，陆游作诗送别，勉励他为国效命，协助韩侂(tuō)胄(zhòu)谨慎用兵，早日实现复国大计。

开禧二年(1206年)，韩侂胄请宁宗下诏，请求北伐，陆游听到这个消息，认为复国有望，难掩激动。宋军准备充分后出兵，一开始征途顺利，先后收复泗州、华州等地。但韩侂胄用人失察，吴曦等里通金朝，按兵不动，图谋割据。陆游也多次催促，吴曦不理。不久，西线吴曦叛变，东线丘崈(chóng)主和，韩侂胄陷于孤立。

开禧三年十一月，史弥远发动政变，诛杀韩侂胄，遣使者将其头送往金国，签订了"嘉和协议"，到此，北伐宣告失败。这些消息传到陆游耳中，如晴天霹雳，让陆游十分痛苦，忧思于心。嘉定二年(1210年)秋，陆游忧愤成疾。入冬后，陆游的病情愈加严重，以至卧床不起。十二月二十九日，陆游与世长辞，享年八十五岁。临终之际，陆游留下绝笔《示儿》作为遗嘱："死去元知万事空，但悲不见九州同。王师北定中原日，家祭无忘告乃翁。"

投身军旅

1169年，陆游44岁时再度被宋孝宗启用，改任夔(kuí)州通判，主要负责学事和农事。在此期间，陆游据当地风土民情，写下散文名篇《入蜀记》。

两年后，陆游响应号召，在四川宣抚使王炎的征召下，转赴军旅，担任干办公事，在南郑投身军僚幕府生涯。其间，陆游写下驱逐金人收复中原的《平戎策》，提出北伐中原取长安须先取陇右，同时积蓄粮食、加强训练士兵的军事主张。为此，陆游得以在抗金前线定军山、大散关一带巡查战略要塞，体验军旅生活。

只可惜，宋孝宗没有采纳陆游的《平戎策》，也没有安排王炎的北伐。陆游只体验了8个月的军旅生活，幕府就解散了。47岁的陆游只好奉旨骑驴入川，改任成都府路安抚司参议的闲职。次年转任蜀州通判，后为嘉州通判。49岁时在荣州短暂代理了一段时间的州事。

1175年，陆游的好友任四川制置使，他举荐陆游任锦城参议一职。二人以文会友,成为挚友。主和派以陆游"颓放"为由,诋毁他,无奈之下,陆游被迫辞职,后在杜甫草堂附近的浣花溪畔以种菜为生,自号"放翁",撰写檄文来回应主和派的攻击。

学子慧言

_____

_____

_____

_____

_____

📖 参考文献

[1] 许慎. 说文解字注[M]. 上海:上海古籍出版社,1981.

[2] 王良惠. 爱国忧民的诗人陆游[J]. 安徽教育,1979.

[3] 岳枫. "美食达人"陆游[J]. 文史博览,2012(01):31.

[4] 宋宪章. 南宋美食家——陆游[J]. 东方食疗与保健,2005(3):1.

[5] 叶清. 五岳"年龄"知多少[J]. 厦门科技,2018(3):1.

[6] 廖爱羚. 从"泰山封禅"看古代祭祀的君权意义[J]. 内江师范学院学报,2011,26(B07):3.

[7] 钱仲联. 析陆游《示儿》[J]. 名作欣赏,1989(1):40-41.

[8] 陈顺强. 陆游与《示儿》[J]. 小学语文教学,1994(1):1.

[9] 陆游. 老学庵笔记[M]. 北京:中华书局,1979.

[10] 黄大兆. 那一声从历史深处传来的凄怆呐喊——陆游《剑门关》赏读[J]. 语文课内外,2020(1):14.

[11] 常佩雨. 爱国之"愤"——陆游《书愤》鉴赏[J]. 中学生阅读(初中读写),2017(12):2.

自我检测

一、知识掌握

1. 陆游字_____,号_____,_____(朝代)文学家、史学家、爱国诗人。
   (   )

   A. 太白　青莲居士　南宋　　　　　B. 务观　放翁　南宋

   C. 太白　青莲居士　北宋　　　　　D. 务观　放翁　北宋

2. 解释加点字。

三万里河东入海，五千仞岳上摩天。

河：_____　　　摩天：_____

3. 《秋夜将晓出篱门迎凉有感》一诗中，"五千仞岳"指的是"五岳"中的西岳华山，另四岳分别指_____、_____、_____、_____。

二、语言品味

1. 请你谈谈"三万里河东入海，五千仞岳上摩天"这两句诗中"入"字和"摩"字的表达效果。

2. 如果把本诗第三句"遗民泪尽胡尘里"中"尽"字换成"滴"字或"流"字好不好？为什么？

3. 说说你对"遗民泪尽胡尘里，南望王师又一年"这两句诗的理解。

三、文化理解

1. 诗句"三万里河东入海，五千仞岳上摩天"中的"河""岳"在本文中的意象分别为（　　　）。

　　A. 黄河　　五岳

　　B. 黄河　　华山

　　C. 黄河　　庐山

2. 诗句"遗民泪尽胡尘里"中的"遗民"在本诗中是指（　　　　）。

　　A. 后裔；后代

　　B. 在金占领区生活的南宋子民

　　C. 隐士

3. 《秋夜将晓出篱门迎凉有感》这首诗表达了诗人忧国忧民的爱国情怀，以下哪句诗表达了相同的情感？（　　　）

　　A. 剑外忽传收蓟北，初闻涕泪满衣裳。

　　B. 旧时王谢堂前燕，飞入寻常百姓家。

　　C. 少壮不努力，老大徒伤悲。

四、学习评价

	自我评价	
知识掌握	第一题	☆
	第二题	☆☆
	第三题	☆☆☆☆

（续表）

	教师评价	
语言品味	第一题	☆☆☆
	第二题	☆☆☆
	第三题	☆☆☆
文化理解	自我评价	
	第一题	☆
	第二题	☆
	第三题	☆

评价标准:对应"自我检测"的三大类,答对一个空格得一星。

（江 岚）

秋夜将晓出篱门迎凉有感

示儿①

[宋]陆　游

死去元②知万事空③，

但④悲不见九州⑤同⑥。

王师⑦北定中原日，

家祭⑧无忘告乃翁⑨。

注释

① 示儿：给儿子看。这首诗是陆游临终前写给儿子的。

② 元：同"原"，本来。

③ 万事空：什么也没有了。

④ 但：只是。

⑤ 九州：古代中国曾分为九个州，这里代指全国。

⑥ 同：统一。

⑦ 王师：指南宋朝廷的军队。

⑧ 家祭：祭祀家中先人。

⑨ 乃翁：你们的父亲。

诗歌大意:

> 原本知道死去之后就什么也没有了,
> 只是因为没能见到国家统一而悲伤。
> 等朝廷军队收复中原失地的那一天,
> 你们举行家祭时,不要忘了告诉我!

学习目标

1. 借助注释,了解"九州""中原""王师"等词的意思。

2. 经教师指导,自主查阅相关历史资料,大致了解南宋的政治局面,知晓"靖康之耻"这一关键历史事件。

3. 结合陆游的人生经历,根据本诗的内容及情感,适当地加入自己的体会和想象,将父子之间的对话说清楚、说具体,体会"王师北定中原日,家祭无忘告乃翁"一句中诗人对祖国统一的强烈渴望。

学习过程

一、学习准备

1. 听录音,正确朗读古诗。

(1) 读准字音,在通读的基础上了解字义。

(2) 和小伙伴一起玩"文白对读"的游戏。

2. 阅读学习材料,对陆游生平有大致了解。

二、熟读成诵

1. 学生大声诵读。

2. 同桌互读,交流对诗句的理解。

3. 背诵。

三、合作学习

1. 以小组为单位,借助资源包中的"学习资料"进行合作学习。

（1）交流阅读学习资料的感受、心得。

（2）以小组为单位，讨论以下两个问题：

① "死去元知万事空"中"元""空"二字让你感受到了诗人怎样的内心世界？

② "但悲不见九州同"中的"但"字用得好吗？说说理由。

2. 完成自测。

四、情境表演

1. 根据古诗内容，设想诗歌中父子之间的对话，试着写清楚、写具体。

2. 以小组为单位讨论、修改、完善父子对话，并进一步结合历史背景，将其改编为一个剧本（包括旁白、道具等）。

3. 以小组为单位分工、排练、表演。

4. 评一评。

		评价标准	自我评价	小组评价	教师评价
情境表演	情景构建	☆涉及"靖康之耻"	☆☆☆	☆☆☆	☆☆☆
		☆☆涉及"靖康之耻"，表现出诗人受到的影响			
		☆☆☆涉及"靖康之耻"，将其有机穿插于诗人生平之中，体现时事和个人发展之间的紧密联系			
	人物演绎	☆通过父子对话，将诗人的心愿表达完整	☆☆☆	☆☆☆	☆☆☆
		☆☆通过父子对话，将诗人的心愿表达完整，语言清楚、有条理			
		☆☆☆通过父子对话，将诗人的心愿表达完整，语言清楚、有条理，具有感染力			
	情感表达	☆能大致表现出对祖国命运的哀叹，以及对祖国统一的期盼和向往	☆☆☆	☆☆☆	☆☆☆
		☆☆通过表演，能自然、流畅地表现出对祖国命运的哀叹，以及对祖国统一的期盼和向往			
		☆☆☆通过表演，能强烈地表现出对祖国命运的哀叹，以及对祖国统一期盼和向往			

📁 附学习资料

师者感言

　　死亡，对我们而言，是一个多么遥远而不可及的话题。让我们试着想象，临终前，一定有许多人和事是割舍不下的吧？亲人、爱人、后代、朋友、珍藏的物品……人死前，一定会回味这一生中，让他欣喜、激动、后悔、遗憾的各种事情。

　　本诗作者陆游，在人生的最后一刻，领悟到了"空"，原来随着生命之火的熄灭，一切都将湮灭，归于虚无。诗人几乎将世间的种种都放下了，唯独有一件事，让他魂萦梦牵，至死无法释怀，那就是——祖国的统一大业。就让我们在《示儿》中体会陆游的爱国情怀吧！

说文解字

✿ 字形演变

甲骨文　　金文　　小篆　　楷书

✿ 意义表达

　　"示"，象形字。甲骨文呈现出两块石头搭起的简单祭台之形。金文把甲骨文的底座变为"小"，表示供桌的支架。隶变后楷书写作"示"。

　　《说文·示部》："示，天垂象，见吉凶，所以示人也。从二(上)；三垂，日、月、星也。观乎天文，以察时变。示，神事也。凡示之属皆从示。"意思是说，示，上天垂下天文图像，体现人事的吉凶，这些图像是用来显示给人们看的东西。从二代表天上；三竖笔，分别代表日、月、星。人们观看天文图像，用来考察时世的变化。示是神的事。大凡示的部属都从示。

　　"示"的本义是古人祭祀祖先与鬼神时所使用的祭台，因为祭祀被古人当做头等大事，所以，"示"后引申为神灵的象征。

　　由于古人缺乏科学知识，各种自然天象便被认为是神明显灵，向人们垂示吉凶。于是,"示"引申为垂示,如"上天示瑞",指的就是上天显示出祥瑞之兆。

由垂示又引申指把事物拿出来或指出来让人知道,本诗题目中的"示"就是此意。

诗海撷英

遗民泪尽胡尘里,南望王师又一年。——陆游《秋夜将晓出篱门迎凉有感》

至今思项羽,不肯过江东。————李清照《夏日绝句》

暖风熏得游人醉,直把杭州作汴州。————林升《题临安邸》

粉骨碎身浑不怕,要留清白在人间。————于谦《石灰吟》

我劝天公重抖擞,不拘一格降人才。————龚自珍《己亥杂诗》

析情赏文

陆游是南宋人,一生致力于抗金,自他懂事起,心里想着、念着的,始终是收复北方失地,实现统一大业。但由于南宋主和派占上风,陆游到死都未能实现愿望。从这首诗中,我们可以感受到诗人执着、深沉又炽烈的爱国激情。

"死去元知万事空",陆游在临死前领悟到:人死后,万事万物都无牵无挂了。这句话一方面表现出诗人生无所恋、死无所畏的生死观,另一方面,为下一句起到了有力的铺垫——"元""空"二字强烈地反衬出诗人不见祖国统一则死不瞑目的强烈心绪。

"但悲不见九州同",揭示了诗人产生伤感情绪的原因。陆游向儿子交代他至死也无法排除的极大悲痛的心境,那就是为祖国未能统一而感到遗憾。诗人临终前,悲伤难过的不是个人生死、荣辱得失,而是没有看见祖国的统一。一个"悲"字深刻反映了诗人内心的悲哀、遗憾之情。

"王师北定中原日,家祭无忘告乃翁",诗人以热切期望的语气表达了渴望收复失地的信念。诗人虽然沉痛,但并没有完全绝望。诗人坚信,总有一天,大宋军队会平定中原,收复北方。于是,他深情地嘱咐儿子,在家祭时千万别忘记把"北定中原"的喜讯告诉自己。有了这一句,诗歌的基调便由悲痛转化为激昂,充分体现了陆游爱国、报国之情。

这首诗文笔曲折,情真意切地表达了诗人临终时复杂的思想情绪和真挚热烈的爱国情怀,既有壮志未酬的无穷遗憾,更有对国家统一的坚定信念。全诗总体的基调是激昂的。作者质朴的语言,流露出了一片真情,比刻意雕琢的诗更美、更感人。

创作背景

《示儿》为陆游的绝笔诗,作于宋宁宗嘉定二年十二月(1210年元月)。此时陆游八十五岁,一病不起,在临终前,给儿子们写下了这首诗。这既是诗人的遗嘱,也是诗人发出的最后的抗金号召。

知物谈艺

❧ 靖康之变

靖康之变是指靖康二年(1127年)金朝南下攻取北宋首都东京,掳走徽、钦二帝,导致北宋灭亡的历史事件。

1125年,金军分东、西两路南下攻打宋朝。东路由完颜宗望领军攻燕京。西路由完颜宗翰领军直扑太原。东路金兵破燕京,渡过黄河,南下汴京。宋徽宗见势危,禅位于太子赵桓,是为宋钦宗。1126年正月,完颜宗翰率金兵东路军进至汴京城下,逼南宋议和后撤军,金人要求五百万两黄金及五千万两银币,并割让中山、河间、太原三镇。同年八月,金军又两路攻宋;闰十一月,金两路军会师攻克汴京。宋钦宗亲自至金人军营议和,被金人拘禁。

除徽钦二帝之外,还有赵氏皇族、后宫妃嫔与贵卿、朝臣等共三千余人北上金国,东京城中公私积蓄为之一空,北宋随之灭亡。

❧ 九州

相传上古时期洪水泛滥,在禹的整治下,洪水终于汇入大海,江河从此畅通。禹根据自己对地形的认识,将中国的土地划分为"九州",分别是:冀州、兖州、青州、徐州、扬州、荆州、豫州、梁州和雍州。冀州在现在的河北、河南一带;兖州在今河北、河南、山东一带;青州涉及河北和山东半岛;徐州涉及山东、江苏、安徽;扬州涉及江苏、安徽、江西;荆州涉及湖北、湖南;豫州涉及河南、山东;梁州涉及陕西、四川、甘肃、青海;雍州涉及内蒙古、宁夏、甘肃河西、新疆。

由此,"九州"又引申为"全国"的代称,犹如"天下""四海"的称谓。汉地、中土、神州、十二州、汉地九州等也可指代古代中国。

本诗第二句的"九州"和下句"中原"均泛指中国,从中可以看出陆游对祖国的无比热爱及其收复国土的殷切期盼。

❧ 空

"空"在不同的古诗中,表达的意境也不尽相同。有的表达的是环境的空灵、空旷，如王维《鸟鸣涧》："人闲桂花落，夜静春山空。"有的表达的是一种人去楼空的空旷与荒凉，如崔颢《黄鹤楼》："昔人已乘黄鹤去，此地空余黄鹤楼。"有的表达的是诗人的无奈与悲凉，甚至是绝望，如李白《将进酒》："人生得意须尽欢，莫使金樽空对月。"有的表达的是一种别具韵味的情感，如杜甫《佳人》："绝代有佳人，幽居在空谷。"

延展阅读

陆游的自述

我出身于书香门第，祖父是北宋有名的学者，曾是王安石的学生。家里经常有文人名士聚会，他们议论朝政，分析当前局势，我常常坐在一边听得津津有味。

十二岁时，父亲将我送至学校，老师都是当时很有学问的人。在学习的同时，我还跟随一位老侠士练习剑术，除了想强身健体，也希望有一天能抗击金兵、勇猛杀敌。

二十九岁时，我进京赶考。主考官陈之茂很欣赏我的才华，准备推荐我为当年的第一名。偏偏宰相秦桧的孙子和我同一年参加会考，秦桧让人带话给陈之茂，他的孙子今年一定要拿第一。陈之茂没有受秦桧的威胁，仍将我的名字排在榜首。我留在京城参加第二年的礼部考试。这次考试，我又考了第一名，秦桧的孙子秦埙(xūn)却只得了第二名。秦桧准备找人加害于我，我听到风声，当晚就收拾东西离开了京城。

直到秦桧死后，我才做了福建宁德县的小官。任职期间，我大胆直谏，揭露贪官的腐败行为，受到朝廷嘉奖。孝宗皇帝即位后，经由宰相史浩大人的推荐，皇上亲自召见了我。我的诗文得到皇上的大力赞赏，皇上特赐予我进士出身，调至枢密院(军事国防机构)从事文字方面的工作。

孝宗皇帝开始还主张抗金，后来因为张浚将军在抗金战役中打了几次败仗，皇上就开始动摇了。朝中大臣为了求得一时的太平，都主张议和。皇上同意了他们的建议。从小我就对金人充满仇恨，坚决反对屈辱议和，我一连上了好几道奏折，阐明议和的种种害处。皇上很不高兴，罢了我的官。

(选自《哪位才子能得 100 分》，姚未希著)

中国古代的祭祀仪式

中国古代非常重视祭祀的仪式。对于死去亲人的祭祀，可以按祭地分为三类，即墓祭、祠祭和家祭。

墓祭,是对祖先坟地的祭祀活动,又叫上坟、上冢。中国的社会组织是以血缘氏族关系为中心的,慎终追远是汉民族的一个重要传统。一个家族常常设有自己的宗庙、祠堂,并有为祖先留的"景象",且祖先有专门择定的茔(yíng)地。宗庙、祠堂、影像、坟茔,都要在一定的时间祭祀。1991年天津社会科学院出版社出版的《宁河丁志》里说:"清明节,祭扫先茔……七月十五日献麻谷,十月一日送寒衣,除夕、新节、元旦悬像设供,家家致祭。"

墓祭的习俗,在春秋战国时期就有了。但"上冢"的称呼则出现于秦汉之际,《史记·留侯世家》和《汉书·张良传》都有这样的记载。唐宋以后,上冢之礼更为盛行,名曰拜扫。明代,每年皇帝几乎都要亲自谒陵一次,每逢节日,还要派遣官吏祭陵。墓祭的礼俗现在仍然流行于各地。

祠祭,是隆重的祭祀,由宗族集体在祠堂祭祀全族的祖先。祠堂是同族的人共同祭祀祖先的屋宇。如《红楼梦》第53回写"宁国府除夕祭宗祠",说在一个院子里,有黑油栅栏内五间大门,上面悬一匾,写着是"贾氏宗祠",上面正居中,悬着荣宁二祖遗像,皆是披蟒腰玉;两边还有几轴列祖遗像。这类祠堂,俗称家庙,逢年过节,同族人都来拜祭。祭前往往要推选族中长者为主祭人。祠祭前还须先斋戒三日,提前一日设位,摆设祭品,准备祭馔、香烛等。

家祭,是以家庭为单位在家里祭祀死者亡灵的活动,一般是在每年清明、中元或冬至日举行,也有逢本家近代祖先生卒忌辰设祭的。家祭一般是在祠堂祖先的牌位前进行。陆游这首诗中的"家祭"指的就是这类。

学子慧言

_____

_____

_____

_____

_____

参考文献

[1] 缪钺.宋诗鉴赏辞典[M].上海:上海辞书出版社,2012.

自我检测

一、知识掌握

1. 陆游字_____，号_____。_____文学家、史学家、爱国诗人，和尤袤、杨万里、范成大并称_____。　　（　　）

A. 务观　　稼轩　　南宋　　江南四大才子

B. 务观　　放翁　　南宋　　中兴四大诗人

C. 秦观　　稼轩　　北宋　　江南四大才子

D. 秦观　　放翁　　北宋　　中兴四大诗人

2. 解释加点字。

死去元知万事空，但悲不见九州同。

元：_____　　　　同：_____

3. 《示儿》一诗中，表达出诗人对收复失地的强烈愿望的两句是_____，_____。

二、语言品味

1. "死去元知万事空"中"元""空"二字让你感受到了诗人怎样的内心世界？

2. "但悲不见九州同"中的"但"字用得好吗？说说理由。

3. 有人说"但悲不见九州同"中的"悲"字是整首诗的情感基调，你同意吗？为什么？

三、文化理解

1. 本诗的写作背景和哪一历史事件密不可分？（　　　　）

A. 靖康之耻

B. 澶渊之盟

C. 白登之围

2. 南宋时，占据我国北方地区的是（　　　）统治者。

A. 辽

B. 蒙古

C. 金

3. 从题材上来看，《示儿》是一首（　　　　）。

A. 山水诗

B. 爱国诗

C. 边塞诗

四、学习评价

		自我评价	
知识掌握		第一题	☆
		第二题	☆☆
		第三题	☆☆
语言品味		教师评价	
		第一题	☆☆☆
		第二题	☆☆☆
		第三题	☆☆☆
文化理解		自我评价	
		第一题	☆
		第二题	☆
		第三题	☆

评价标准:对应"自我检测"的三大类,答对一个空格得一星。

示儿

（李谢林）

题临安①邸②

[宋]林　升

山外青山楼外楼，

西湖③歌舞几时休④？

暖风熏⑤得游人醉，

直⑥把杭州作汴州⑦。

注释

①临安:现在浙江杭州市,金人攻陷北宋首都汴京后,南宋统治者逃亡到南方,建都于临安。

②邸(dǐ):旅店。

③西湖:杭州的著名风景区。

④几时休:什么时候休止。

⑤熏(xūn):吹,用于温暖馥郁的风。

⑥直:简直。

⑦汴(biàn)州:即汴京,今河南开封市。

诗歌大意：

西湖四周青山绵延，楼阁无尽头，
湖面游船上，歌舞几时才能停休？
温暖馥郁的香风吹得贵人们陶醉，
简直是要把杭州当成了那汴州啊！

 学习目标

1. 能读准"邸""汴"等生字；能重点理解"暖风""游人""熏"等字词的意思。

2. 能初步感受借景抒情的表达方式。抓住"西湖歌舞几时休"这句诗，体会重点诗句的情境，感受诗歌的情感脉络，感悟诗人的心情变化。

3. 在前后对比的诵读中，能对西湖美景和歌舞升平的景象展开想象，进一步认清繁华背后统治者的昏庸、腐朽，体会诗歌对统治者们的辛辣讽刺，感悟诗人忧国忧民的情怀。

学习过程

一、学前准备

1. 借助重点字词注释，了解古诗主要内容。

2. 利用搜集的资料，了解作品的创作背景。

3. 资料收集。

（1）题壁诗的由来。

（2）"汴州""青山"等意象的由来。

二、熟读成诵

1. 读准字音，在通读的基础上了解字义。

2. 和小伙伴一起读一读，尝试分享对诗句的理解。

3. 尝试背诵。

三、合作学习

1. 学习准备。

(1) 读准字音,在通读的基础上了解字义。

(2) 分小组读一读,分享对诗句的理解。

(3) 感受《题临安邸》中的讽刺含义以及诗人的愤懑谴责之情。

2. 以小组为单位,借助资源包中的"学习资料"进行自主学习。

(1) 理解诗中"暖风""游人""熏"的含义。

(2) 能深刻理解"西湖歌舞几时休"诗句中表达出的复杂情感。

(3) 知晓北宋、南宋的都城,在地图上标注出诗中"杭州""汴州"两个地点,体会作者"直把杭州作汴州"句中所包含的辛辣讽刺之义和怀念故土之情。

3. 完成自测。

四、拓展延伸

1. 结合诗歌的内容,展开合理的想象,小组内与小伙伴分享、交流,进行课本剧改编。

2. 准备好服装、道具和表演 PPT 等,进行课本剧排练。

3. 以故事背景或诗歌的内容为依据,进行课本剧表演。

4. 评一评。

		评价标准	自我评价	小组评价	教师评价
情境表演	背景建构	☆能正确把握时间、地点、人物	☆☆☆	☆☆☆	☆☆☆
		☆☆在把握时间、地点、人物的基础上,正确表述诗歌的历史背景——南宋定都临安			
		☆☆☆在表述诗歌历史背景基础上,再适当补充生活场景等细节,正确表述诗人目睹的南宋朝廷现状			
	人物演绎	☆通过服装等道具,表现南宋诗人和当朝者的形象	☆☆☆	☆☆☆	☆☆☆
		☆☆能在衣着符合人物形象的基础上,借助恰当的语言,表现出诗人真实的心情变化			
		☆☆☆能在衣着、语言的基础上,通过丰富的肢体语言,表现出诗人对当朝者的批判与讽刺			

（续表）

		评价标准	自我评价	小组评价	教师评价
情感表达		☆通过表演,大致展示出诗人的讽刺之义和忧国忧民的家国情怀			
		☆☆通过新颖的演绎方式,自然流畅地展示出诗人的讽刺之义和忧国忧民的家国情怀	☆☆☆	☆☆☆	☆☆☆
		☆☆☆通过创造性的艺术形式,强烈地展现诗人的讽刺之义和忧国忧民的家国情怀			

 附学习资料

师者感言

　　跨越时间的长河,家国情怀绵绵不断。中国人的家国情怀,是根植于每个中国人内心的意念。在《题临安邸》一诗中,诗人林升身为南宋人,关注国家的命运,期盼有朝一日能回到故乡汴州。因此,当他看到南宋朝廷的达官贵人一味沉迷于歌舞生活,全然不想收复北方失地时,他既失望又愤怒,并予以辛辣的讽刺,表现了他对达官贵人的愤恨。该诗为后世广为传诵,以鞭笞醉生梦死者。

说文解字

✍ 字形演变

| 甲骨文 | 小篆 | 楷书（繁体） | 楷书 |

✍ 意义表达

　　风,本义是一种因气压分布不均匀而产生的空气流动的现象,最早见于甲骨文。《说文》以为形声字。按甲骨文假凤为风,本为象形字,取凤鸟高冠修尾之形。隶变后楷书写作"風"。汉字简化后写作"风"。

《说文·风部》:"风,八风也。"《国风·郑风·萚兮》:"萚兮萚兮,风其吹女。"引申为像风那样快,如风行。风有流行的特点,有如社会习惯,故又引申为风俗、风气,如蔚然成风、移风易俗。又引申为风景、风光。又指民歌,如采风。又引申为外在的姿态,如作风、文风,再引申为风声、消息等。作动词,指借风力吹干吹净,虚化引申为教育、感化。

诗海撷英

商女不知亡国恨,隔江犹唱后庭花。　　　　　　——杜牧《泊秦淮》

王师北定中原日,家祭无忘告乃翁。　　　　　　——陆游《示儿》

繁霜尽是心头血,洒向千峰秋叶丹。　　　　　　——戚继光《望阙台》

黄沙百战穿金甲,不破楼兰终不还。　　　　　　——王昌龄《从军行》

析情赏文

《题临安邸》是作者林升讽刺南宋皇帝赵构和他的朝廷官员一味地纸醉金迷、不思进取,进而揭露现实黑暗的一首七言绝句。全诗虽短短四句,却饱含了以林升为代表的一代爱国诗人对南宋朝廷的讽刺,对黑暗现实的揭露,对国家命运的担忧,不愧为讽喻诗中的千古名篇。

首先,诗的第一句"山外青山楼外楼",写出了南宋临安城的景致:重重叠叠的青山,鳞次栉比的楼台连绵不断。这一句勾勒了南宋临安城的繁华。北宋词人柳永曾在《望海潮》中写道:"东南形胜,三吴都会,钱塘自古繁华"。但北宋被灭,南宋统治者逃亡至此,实则是背负着北宋的国仇家恨。因此,在诗人笔下的临安西湖,越是美丽和繁华,便越能衬托出南宋朝廷的腐败无能,也越能映照出作者对南宋朝廷不思收复失地的心痛、愤怒、失望以及对国家命运的担忧。

紧接着,诗人便以一句反问"西湖歌舞几时休?"表达自己内心强烈的愤慨之情,展现他对国家命运的深切担忧。面对南宋朝廷政治上的腐败无能,作者虽未直接抨击,但通过反问的修辞手法,将一味纵情声色、寻欢作乐的皇帝和官员们的奢靡形象,在辛辣讽刺中刻画得淋漓尽致。

最后两句"暖风熏得游人醉,直把杭州作汴州"中的"暖风",一语双关,既指自然界的春风,又指社会上的淫靡之风。正是这股"暖风",把南宋皇帝、官员们吹得如醉如迷。这里的"游人",特指那些忘了国难、苟且偷安的南宋统治阶级。诗中一个"熏"字,把这些人的苟且偷安之态写足了:那些沉迷之人,已忘记了国仇家恨,活得犹如行尸走肉,忘乎所以。那些西湖边的达官显贵们,醉生梦死间,直接把临安当作了故都汴州,岂不可悲! 这一句将全诗的讽刺推向了高潮,直接怒斥南宋当局忘了国恨家仇,把临时苟安的杭州简直当作了故都汴州。

这首诗的精妙之处,不仅在于表面上描写的是西湖美景、歌舞升平,实则嘲讽腐败无能的朝廷;更在于结合当时的时代背景,通过反问等修辞手法,将讽刺意味推向高潮。古有越王勾践"卧薪尝胆",今有赵构贪生怕死,真是对比鲜明。另外,这首诗构思巧妙,从繁华的临安景色落笔,愤慨至极,却不作谩骂之语,不愧是讽喻诗中的杰作。

知人论世

作者生平

林升(712—770),字云友,又名梦屏,号平山居士。温州平阳人,约生活于宋孝宗年间(1163—1189年),生平不详。《西湖游览志馀》录其诗一首。据《西湖游览志馀》卷二说:"绍兴、淳熙间,颇称康裕……士人林升者,题一绝于旅邸云云。"清乾隆五十五年(1790年)编纂的《东瓯诗存》收有《题临安邸》诗。

逸闻轶事

爱国情怀 异曲同工

诗歌的世界里,努力和成就并不一定对等,有的人写了无数首诗,却在诗坛里默默无闻。例如,著名的乾隆皇帝一生写了四万多首诗,但没有一首受到人们的赞扬。有些诗人只写了一两首诗,却能够流传千古! 今天要提到的南宋诗人林升就是这样一位作品少而精的诗人。

身为宋代的爱国诗人,林升流传后世的只有两首诗:一首是讽喻诗佳作——《题林安邸》,而另一首名为《长相思》:"和风熏,杨柳轻,郁郁青山江水平,笑语满香径;思往事,望繁星,人倚断桥云西行,月影醉柔情。"

这首《长相思》的前半部分写道:微风徐徐,杨柳依依。暖风温柔地拂过脸颊,惹人陶醉。远处郁郁葱葱的青山倒映在江水中,欢声笑语传入耳中,花香沁人心脾,五脏六腑都跟着清醒了。诗中描述了一种轻松愉快的气氛,让人沉浸在美丽的风景中,不亦乐乎。然而,下半部分笔锋一转,描写诗人晚上倚靠在断桥上,独自看夜空中的星星、天上的云朵,月亮的影子照在桥面上,洒下一地的柔情。他满脑子都是过去的北宋曾经是多么繁荣,但是现在被金人占领了。南宋官员只沉浸于美酒歌舞中,而忘记了家仇国恨。这时,诗人也意识到自己的力量微不足道,看着夜空,迷茫彷徨,独自忍受着思乡的悲痛之情。

细读《长相思》《题临安邸》,这两首诗有着异曲同工之妙:两首诗都真实地揭露了南宋朝廷黑暗的现实,极大地讽刺了执政者的腐败无能,却无一个骂字。林升正是凭借这两首讽刺之作,流传千古。

创作背景

这首诗是写在临安城一家旅店的墙壁上,是一首流传千古的政治讽喻诗,从侧面深刻反映了当时的社会现实。公元1126年,金人攻陷北宋首都汴梁,俘虏了徽宗、钦宗两位皇帝,中原国土全被金人侵占。宋高宗赵构逃到江南,在临安即位,史称南宋。南宋小朝廷并没有接受北宋亡国的惨痛教训而发奋图强,当政者不思收复中原失地,只求苟且偏安,对外屈膝投降,对内残酷迫害岳飞等爱国人士;政治上腐败无能,达官显贵一味纵情声色,寻欢作乐。林升走在杭州西湖边上,看到朝廷腐败无能,眼前的景色即使再美似天堂,作者心中也只有浓浓的讽刺和悲哀之情。这首诗就是针对这种黑暗现实而作的,它倾吐了郁结在广大人民心头的义愤,也表达了诗人对国家民族命运的深切忧虑。

知物谈艺

汴州

汴州是北宋都城,又名帝城、开封等,位居华夏中心,八朝古都,不仅有着悠久的历史文明、优越的地理位置,而且还拥有优良、淳朴的地域风俗。孟元老感叹汴州"阔略大量,天下无之"。可见,优良的道德风尚和精神文明构成了汴州意象的内质,也使得汴州成为北宋文人的理想居住地。

此时"汴州"意象大致有三类:①朝气蓬勃的少年。晏殊在《玉堂春》一开头就写到"帝城春暖",这里的"帝城"就是北宋京都汴州。"宝马香车、欲傍西池看,触处杨花满袖风",洋溢着少年般的青春气息;②疲惫的中年人。黄庭坚在《虞美人》中写"平生个里愿杯深,去国十年老尽少年心",诗句中的"去国"是离开京城汴州的朝廷。此时黄庭坚被贬宜州,十年的贬谪生活,使诗人已经失去年少时的兴致,显现出一种中年倦态;③"老境美"。如晁补之在《迷神引》中描述的"使人愁,长安远,在何处。几点渔灯小,迷近坞。一片客帆低,傍前浦。"

宋钦宗靖康二年(1127年),金国侵占北宋后,改称"汴京"。无奈之下,赵括带着官兵,一路逃亡至浙江临安,建立南宋。此时的汴州意象,饱含痛失国都的悲凉愤懑之情。林升写下了"暖风熏得游人醉,直把杭州作汴州"的讽刺诗句。在林升心中,汴州依然是宋人心目中的都城,而临安只是临时的落脚点。汴州对诗人们的精神支柱作用得到突显,汴州意象在此得到了提升和扩展。

风

关于"风"的意象,最早可以追溯到《庄子·齐物论》所云:"夫大块噫气,其名为风。"可见,古人对风怀着一种神秘感,认为它对人类功莫大焉。因此,古人很崇拜风,经常会将风与怀人、豪气和生命力相联系。

常见的"风"意象有四类。第一类是以"风"寄托相思之情,抒发思乡怀人之感。如纳兰性德《长相思》中"风一更,雪一更,聒碎乡心梦不成,故园无此声"的诗句描写对故乡的思念,抒发了情思深苦的绵长心境;第二类是以"风"渲染凄清的气氛,烘托愁苦的情怀。如李清照《醉花阴》"莫道不销魂,帘卷西风,人比黄花瘦"诗句中用"西风"渲染了凄清愁苦的氛围,表达了寂寞的心情;第三类是以"风"展现豪气。如刘邦"大风起兮云飞扬"诗句中的雄豪自放;第四类是以"风"彰显生命力。如朱熹"等闲识得东风面,万紫千红总是春",表达了诗人于乱世中追求圣人之道的美好愿望。

青山

古诗词中的"青山"是诗人们借以栖息身心的家园,它的别称有两类:一是从了诗人于乱世中追求圣人之道的美好愿望。色彩、形状、数量、方位、季节等方面描述山的特点,如"青山""万仞山""万重山"等;二是地理上的山名,如"阴山""峨眉山""敬亭山"等。

通过梳理,"青山"意象有以下五类。第一类是以山的高大绵延喻指阻隔,抒发思乡怀人之情。如王昌龄所写"青山一道同云雨,明月何曾是两乡",将友情和思念渗透其中;第二类是以山的稳固永恒,反衬人事的短暂,抒发物是人非的感慨,如明代杨慎《临江仙》中的诗句"青山依旧在,几度夕阳红";第三类,是以山的清幽代指隐居生活,表达返璞归真的渴望。如李白在《山中问答》中"问余何意栖碧山,笑而不答心自闲"的诗句,抒写了他的闲适心情;第四类,以山象征高远志向。杜甫的"岱宗夫如何?齐鲁青未了"表达了诗人的豪情壮志;第五类是描写山的秀美,表达对大自然的热爱。李白的"两岸青山相对出,孤帆一片日边来",赞美了大自然的神奇壮丽,展现了自由洒脱的精神风貌。

延展阅读

题壁诗

古人常会在墙壁、石壁、柱子等地方题诗,即"题壁诗",这类诗是古代诗歌中的瑰宝。题壁诗始于两汉,盛于唐宋。自唐朝开始,"题壁诗"蔚然成风,著名诗人杜牧的《题乌江亭》就是代表作之一。

楚汉之争时,楚霸王项羽与汉王刘邦在垓下大战,项羽全军覆没,他带领残兵突围到乌江边时,拒绝和大家一起渡江逃生,最后用剑自刎。后人为纪念项羽,便在他自刎的地方建一亭子,取名"乌江亭"。

唐朝诗人杜牧游览到此,凭吊古战场,感慨不已。此时的唐朝经历安史之乱、藩镇割据,已满目疮痍。诗人杜牧一直希望当时的唐朝能够重回大唐盛世,如东方巨人一般屹立在万国之中。他在路过乌江亭时,为项羽兵败垓下随后自杀感到惋惜,他认为胜败乃兵家常事,项羽英雄气短,未能卷土重来而让杜牧倍感遗憾。于是他在乌江亭题诗一首,以此来议论战争成败之理,对历史上已有结局的战争,进行了假设性推想。诗人希望项羽卷土重来,实际上是杜牧渴望执政者打败安禄山叛军,带领大唐再度辉煌。借助这首"题壁诗",诗人抒发了自己的政治抱负,表达自己对现实不满的心绪。

题乌江亭

[唐]杜 牧

胜败兵家事不期,包羞忍耻是男儿。

江东子弟多才俊,卷土重来未可知。

倾世绝唱 千古流传

绍兴二年(1132年),宋高宗赵构一路逃亡到临安称帝,南宋建国的几十年中,临安成了当朝者们的安乐窝。林升目睹了达官显贵的醉生梦死后,写下了讽刺诗中的千古名篇——《题临安邸》。在诗中,作者更表达出对国家、民族命运忧虑的家国情怀。无独有偶,南宋著名爱国将领岳飞曾写下《满江红》,其爱国之情溢于言表,成为千古绝唱,经久不衰!

为收复故土,岳飞向宋高宗上书,提出北伐方略,一雪民族之耻。在抵抗金军的战场上,岳飞带领岳家军,极具战斗力,救国家于危难之间,出兵收复河南,打破金兀术,使金人胆寒,金人称"撼山易,撼岳家军难"。岳飞奔赴抗击金军的战斗前线,屡建战功,成了一名令敌人闻风丧胆的将军。他率领部队北伐,收复了被敌人侵占的大片国土。但就在他即将取得抗金斗争全面胜利之时,昏庸无能的宋朝皇帝听信奸臣秦桧乘机求和的劝说,一连颁发十二道金牌,强逼岳飞立即班师回朝。岳飞壮志难酬,只好挥泪回朝。这时岳飞写下了这首千古绝唱的《满江红》。

满江红

[宋]岳 飞

怒发冲冠,凭栏处、潇潇雨歇。抬望眼、仰天长啸,壮怀激烈。三十功名尘与土，八千里路云和月。莫等闲、白了少年头，空悲切。　　靖康耻，犹未雪。臣子恨，何时灭。驾长车，踏破贺兰山缺。壮志饥餐胡虏肉，笑谈渴饮匈奴血。待从头、收拾旧山河，朝天阙。

　　岳飞在这首词里，无疑将儒家中的"齐家、治国、平天下"与"天下兴亡，匹夫有责"的家国情怀，推向了最高境界。

学子慧言

_____

_____

_____

_____

_____

📖 参考文献

［1］刘永生.宋诗选［M］.天津：天津古籍出版社，1997：124.

［2］孟元老.东京梦华录［M］.北京：中国商业出版社，1982.

［3］翦伯象.论汴京意象［J］.贵州民族学院学报（哲学社会科学版），2004(2)：67－73.

［4］唐圭璋等.唐宋词鉴赏辞典（南宋·辽·金）［M］.上海：上海辞书出版社，1988：1297－1299.

自 我 检 测

一、知识掌握

1. 解释加点字。

暖风熏得游人醉，直把杭州作汴州。

熏：_____　　　直：_____

2. 《题临安邸》中"_____"一句通过反问，表达诗人内心强烈的愤慨之情，展现他对国家命运的深切担忧。

3. "暖风熏得游人醉"中"游人"是指（　　）。

　　A. 前来西湖的游客

　　B. 外出求学的游子

　　C. 南宋的达官显贵们

二、语言品味

1. 诗句"山外青山楼外楼"，在对临安城重叠的青山、连绵楼阁的描写中，你感受到诗人怎样的思想感情？

2. 有人说,"直把杭州作汴州"中的"杭州""汴州"传达出讽刺的意味,你赞成吗？ 为什么？

3. 诗句"暖风熏得游人醉"中"熏"字用得好不好？ 说说你的理解。

三、文化理解

1. "汴州"在本文中的意象应理解为( )。

　　A. 如朝气蓬勃的少年,洋溢着少年般的青春气息

　　B. 具有一股沧桑之美,塑造了一种别致的"老境美"

　　C. 饱含痛失都的悲凉愤懑之情,"汴州"意象成为诗人们的精神支柱

2. 下列关于"题壁诗"的说法,正确的选项为( )。

　　A. "题壁诗"始于秦朝,盛于两汉,其艺术价值不如宋词

　　B. "题壁诗"始于魏晋,盛于清朝,是古代诗歌中的瑰宝

　　C. "题壁诗"始于两汉,盛于唐宋,是古代诗歌中的瑰宝

3. 古往今来,不少诗人都创作了表现家国情怀的诗歌,下列诗句中,不能体现这一家国主题的选项是( )。

　　A. 商女不知亡国恨,隔江犹唱后庭花

　　B. 洛阳亲友如相问,一片冰心在玉壶

　　C. 黄沙百战穿金甲,不破楼兰终不还

四、学习评价

	自我评价	
知识掌握	第一题	☆☆
	第二题	☆
	第三题	☆
语言品味	教师评价	
	第一题	☆☆☆
	第二题	☆☆☆
	第三题	☆☆☆

文化理解	自我评价	
	第一题	☆
	第二题	☆
	第三题	☆

评价标准:对应"自我检测"的三大类,答对一个空格得一星。

(倪　慧)

闻①官军收河南河北②

[唐]杜 甫

剑外③忽传收蓟北④，

初闻涕⑤泪满衣裳。

却看⑥妻子⑦愁何在⑧，

漫卷⑨诗书喜欲狂。

白日放歌⑩须⑪纵酒⑫，

青春⑬作伴⑭好还乡。

即从巴峡穿巫峡⑮，

便⑯下襄阳⑰向洛阳⑱。

注释

① 闻：听说。官军：指唐朝军队。

② 河南河北：指黄河以南和黄河以北的地区，即古代"中原"大部分地区。

③ 剑外:剑门关以南,这里指四川。

④ 蓟北:泛指唐代幽州、蓟州一带,今河北北部地区,是安史叛军的根据地。

⑤ 涕:眼泪。

⑥ 却看:回头看。

⑦ 妻子:妻子和孩子。

⑧ 愁何在:哪还有一点的忧伤? 愁已无影无踪。

⑨ 漫卷(juǎn):胡乱地卷起。

⑩ 放歌:放声高歌。

⑪ 须:应当。

⑫ 纵酒:开怀痛饮。

⑬ 青春:指明丽的春天。

⑭ 作伴:与妻儿一同。

⑮ 巫峡:长江三峡之一,因穿过巫山得名。

⑯ 便:就。

⑰ 襄阳:今属湖北。

⑱ 洛阳:今属河南,古代城池。

诗歌大意:

剑门关外忽然传来收复蓟北的消息,初闻此事我分外欢喜,泪洒衣衫。回头看妻儿哪还有一点忧伤,我抑制不住狂喜,赶紧胡乱地整理行囊。阳光下,我放声高歌痛饮美酒,趁着明媚的春光与妻儿一同返回故乡。心想着马上能启程坐船从巴峡穿过巫峡,经过襄阳便可直奔故乡洛阳。

学习目标

1. 能借助注释,重点理解"河南河北""却看""妻子""青春"等词语意思,了解古今异义。

2. 能理解"涕泪满衣裳""喜欲狂"复杂的情感内涵,感受诗人得知战争胜利喜极而泣的真情实感,进一步体会诗人的家国情怀。

3. 能结合绘画,理解"穿""下"的意思,梳理巴峡与巫峡的地理方位,弄清楚襄阳与洛阳的位置关系,感受诗人想象中的时空转变之快,进一步体会作者的喜悦之情和渴望回到家乡的急切心情。

📖 学习过程

一、学前准备

1. 利用搜集的资料,对古诗的背景进行了解。

2. 正确朗读,初步了解诗句大意。

二、熟读成诵

1. 读准字音,在通读的基础上了解字义。

2. 和小伙伴们一起读一读,分享对诗句的理解。

3. 尝试背诵。

三、合作学习

1. 以小组为单位,借助资源包中的"学习资料"进行自主学习。

(1) 理解诗中的"河南河北""却看""妻子""青春"的含义,了解古今异义。

(2) 作者听闻唐朝军队打败叛军后,他的情感分别出现了哪些变化?

(3) 通过理解"穿""下"这两个词,将巴峡、巫峡、襄阳、洛阳四个地点串联,了解诗人的回乡路线,体会其急于返乡的迫切心情。

2. 完成自测。

四、拓展延伸

1. 通过理解"即从巴峡穿巫峡,便下襄阳向洛阳"诗句,在地图上画出杜甫的返乡路线。

2. 结合诗歌的内容,展开合理的想象,对诗歌前四句描写"杜甫初闻官军收复蓟北"的情形,进行表达创作。

3. 在小组内与小伙伴分享、交流,进一步尝试修改创作。

4. 评一评。

		评价标准	自我评价	小组评价	教师评价
表达创作	情景创设	☆能正确把握时间、地点、人物	☆☆☆	☆☆☆	☆☆☆
		☆☆在把握时间、地点、人物的基础上，正确表述诗歌的创作起因——平定安史之乱			
		☆☆☆在把握时间、地点、人物的基础上，正确表述诗歌的创作起因——平定安史之乱。再适当补充生活细节，以丰富诗人所处的生活场景			
	人物演绎	☆能够基本体现诗人的情绪变化	☆☆☆	☆☆☆	☆☆☆
		☆☆通过神态、动作、语言等细节描写，体现出诗人及妻儿的情绪			
		☆☆☆通过神态、动作、语言等细节描写，生动地体现出诗人及妻儿的情绪			
	情感表达	☆能大致表达出诗人当时的"喜欲狂"	☆☆☆	☆☆☆	☆☆☆
		☆☆能自然、流畅地表达出诗人从喜极而泣，到"喜欲狂"的真实情感			
		☆☆☆能运用生动、形象的语言，强烈表达诗人美好的家国情怀			

📁 附学习资料

师者感言

  纵观杜甫的一生，跌宕起伏，颠沛流离，他所经历的政治挫折、贫穷、逃亡，都是一般人无法想象和承受的，但面对苦难与坎坷，杜甫用悲天悯人的仁者情怀、忧国忧民的忧患意识，创作出一篇篇超越时空的动人诗篇，最终收获"诗圣"的美誉。

  在《闻官军收河南河北》一诗中，杜甫在听闻唐朝军队战胜安禄山叛军，欢喜若狂之余，展开了丰富的想象，通过"穿""下"两个动作，将相隔千里的巴峡与巫峡、襄阳与洛阳瞬间连接起来，也恰如其分地表达出自己听闻胜利时思绪翻涌，如江水奔腾，一泻千里。杜甫想象中时空转变之快，也使此诗成为其"生平第一快诗"。

说文解字

🐾 字形演变

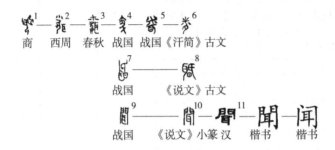

🐾 意义表达

"闻"是形声字。此字初文始见于商代甲骨文,其古字形像一人跪坐以手附耳谛听的样子,本义为"听到、听见"。引申指"知道、听说"。后来用鼻子嗅气味,也叫闻。

诗海撷英

| 人生自古谁无死,留取丹心照汗青。 | ——文天祥《过零丁洋》 |

人生自古谁无死,留取丹心照汗青。　　　　　　——文天祥《过零丁洋》
先天下之忧而忧,后天下之乐而乐。　　　　　　——范仲淹《岳阳楼记》
苟利国家生死似,岂因祸福避趋之?　　——林则徐《赴戍登程口占示家人》
天下兴亡,匹夫有责。　　　　　　　　——顾炎武《日知录·正始》
寄意寒星荃不察,我以我血荐轩辕。　　　　　　——鲁迅《自题小像》

析情赏文

作为杜甫"生平第一快诗",本诗生动地描绘了饱经战乱的人听到捷报时欣喜若狂的真情实感,其心理表现一波三折,传神入微,具有强烈的艺术感染力。

首句"剑外忽传收蓟北","忽"字传神地展现捷报来得猝不及防。"剑外"流浪太久,诗人饱受磨难,却有家不能回。当独自上街,听闻"忽传收蓟北"的胜利消息时,顿时诗人内心的百感交集。紧跟着"忽传","初闻"捷报的诗人不禁悲从中来而"涕泪满衣裳",以形传神,真实而自然地作者一刹那所激发的感情巨浪,回想起八年来经历的苦难,诗人不禁悲喜交集、喜极而泣。

　　颔联中"喜欲狂"三个字,是作者情感的最高峰,也是本诗的基调。诗人回到家中,打算告诉妻儿这个好消息。"却看妻子""漫卷诗书",通过两个连续动作,极富传神地再现了诗人和家人共庆胜利的家中场景。诗人喜极而泣的复杂情感,想到他与家人们多年的漂泊之苦,看到眼前的欢庆景象,不由得"涕泪满衣裳"。特别是当诗人回头看到妻子和孩子们一起眉开眼笑时,他的烦恼、思虑也都随之消失。这时,亲人们的喜悦增加了诗人的喜悦程度,诗人此时欢喜得发狂,再也无心伏案,开始整理归乡的行囊。

　　"白日放歌须纵酒,青春作伴好还乡"一联,是对上联中"喜欲狂"情感抒发的升华。诗人想到战争胜利,能够回到阔别已久的家乡,便情不自禁想要在晴朗的日子里放声高歌,举杯狂欢,这正是"喜欲狂"的具体表现。此句将"狂"态写得淋漓尽致,为下句的"狂"想做好了充分铺垫。诗句中"青春"指美好的春天。在春光明媚中,诗人携妻子儿女们,一起作伴还乡。这样的画面感,怎能不让作者"喜欲狂"呢!

　　尾联将诗人还乡的"狂"想,通过四个工整的地名对,将不同空间串联在一起:即使身在梓州(今四川绵阳市三台县),而稍瞬即逝间,诗人已回到故乡。此时,作者的情感也升级至高潮,诗歌戛然而止。这一联中的四个工整的地名对,即"巴峡"对"巫峡","襄阳"对"洛阳",也成为诗歌的一大亮点。诗人用"穿""向""即从""便下"等词,把"巴峡""巫峡""襄阳""洛阳"等四个地方贯串起来,迅疾如闪电,传神地表达了诗人想象的飞驰。也传神地描写了四个地点之间迥异的地理特点,如从"巴峡"到"巫峡",狭小而细长,需乘坐小舟"穿"行而过;离开"巫峡"往"襄阳",河水顺流,所以是顺流而"下";而"襄阳"到"洛阳"的陆地旅程,可谓是一路快马加鞭,心之所"向"。这遣词造句间,彰显的正是诗人创作功底之深厚!

　　全诗感情奔放,痛快淋漓地抒发了作者无比喜悦的心情。作者在第一诗句中交代了事情、地点,而其余的诗句均是根据所见、所听,而深有感触地抒发着自己欢欣鼓舞、喜极而泣的复杂深厚情感。

知人论世

❧ 作者生平

　　杜甫(712—770),字子美,自称少陵野老。曾担任工部校检郎一职,故世称"杜工部"。唐代最伟大的现实主义诗人,更是唐诗思想艺术的集大成者。宋以后被尊为"诗圣",与李白并称"李杜"。

杜甫诗风沉郁顿挫,大胆揭露当时社会矛盾,对穷苦人民寄予深切同情,显示了唐代由盛转衰的历史过程,表达了崇高的儒家仁爱精神和强烈的忧患意识,因而被誉为"诗史"。

杜甫律诗的造诣,自成一派。他把律诗写得纵横恣肆,合律而又看不出声律的束缚,对仗工整而又不露痕迹。有《杜工部集》。

逸闻轶事

别称"杜拾遗"的由来

杜甫官运坎坷,在长安漂泊多年。44岁时,他还只是一个看管军需库的小官吏。"安史之乱"爆发后,杜甫告别妻儿,单枪匹马企图追随唐朝军队。不幸的是,路途中,杜甫因认不清路线,竟然踏入了安禄山叛军领地,结果被叛军活捉,关进了大牢,一时间,杜甫性命危在旦夕。

转眼间,到了公元757年4月,好消息传来,郭子仪的大军打到了长安城北边,狠狠打击了叛军的势头,给叛军军队造成了混乱。情急之下,杜甫从长安金光门逃了出去。为了活命,他居然穿过两军的交火地段,最终顺利找到了唐肃宗李亨。否极泰来,当年五月十六日,杜甫被任命为左拾遗。

众所周知,唐朝延续了隋朝的三省六部制,三省指尚书、中书和门下。中书省是负责拟定诏书的机构,门下省负责审核。若通过,尚书省下设的六部(吏部、礼部、户部、工部、兵部、刑部)负责执行。据《唐六典》记载,左拾遗隶属于门下省,承担审核诏书的工作,负责提醒皇帝管理中疏忽、遗漏的事情。拾遗官可以直接向皇帝提起这些事情,要么呈奏章,要么组织文武大臣在朝堂上辩论。尽管"左拾遗"职位不高,但说这是杜甫用命换来的也不为过。

自此,唐诗中多次出现"杜拾遗",这也慢慢地成为了杜甫的别称。如诗人岑参《寄左省杜拾遗》一诗中的"杜拾遗",指的就是"诗圣"杜甫。

创作背景

唐朝天宝十四年(755年)12月,安禄山以"忧国之危"、奉密诏讨伐杨国忠为借口,在范阳起兵,"安史之乱"爆发。该战乱一直持续到了宝应元年(762年)。这年的冬季,唐朝军队在洛阳附近的衡水打败了叛军首领薛嵩、张忠志,收复了洛阳和郑(今河南郑州)、汴(今河南开封)等州。第二年,即763年正月,叛军首领史思明的儿子史朝义兵败自缢,其部将相继投降,至此,持续八年之久的"安史之乱"宣告结束。《闻官军收河南河北》一诗便是杜甫在唐代宗广德元年(763年)春创作而成。

杜甫是一个极富爱国情怀又饱经战乱之苦的诗人,听闻喜讯之时,他正辗转流浪在四川成都,惊喜之下,他脱口吟出这首七律。作者情感充沛,全诗上下涌动着"喜"字,畅快淋漓地抒发了作者惊喜而兴奋的心情,被后人称为杜甫"生平第一快诗"。

知物谈艺

❀ 剑门关

诗中"剑外",指剑门关以南。剑门关是剑门蜀道的中心,其特色在山之险——壁立千仞,高耸入云。明代武宗时的卢雍在《剑阁杂诗》中这样形容大剑山:"崖峻溪壑深,林密径路窄。"可见,剑门蜀道集险、雄、曲、秀于一体,吸引了无数墨客文人,成就了剑门蜀道的一系列诗歌。

描写剑门蜀道的一千四百多首诗歌中,大体可以分为三类:一是表达建功立业难于上青天的人生感慨,如诗仙李白长叹:"蜀道之难,难于上青天。"这既是说地理险要,蜀道之难,难于投足举步,又是在悲叹世道坎坷,人生多艰;二是抒发对剑门蜀道景致、历史、古迹的感怀。如张文琮在《蜀道难》赞其雄险:则曰"飞梁架绝岭,栈道接危峦"等。三是专指:四川境内剑门关这个地点。如杜甫《闻官军收河南河北》中,仅指剑门关以南,"剑外忽传收蓟北",交代了诗人听闻战争胜利好消息的地点,这里指四川。

❀ 酒

中国诗歌中"酒"的意象,令诗歌芳香醉人,临风若仙。从感情角度来讲,酒诗中蕴含快乐喜悦之酒、悲痛愁苦之酒、慷慨豪放之酒、忧郁哀怨之酒等等。

一是快乐喜悦之酒。诗中的"酒"能传达情侣之间的爱意,最为代表的是李商隐《无题》中的"隔座送钩春酒暖,分曹射覆蜡灯红"。可见酒能分享人间喜悦呀!"诗圣"杜甫也抒发了"白日放歌须纵酒,青春作伴好还乡"的喜悦之情;

二是悲痛愁苦之酒。"诗仙"李白,又称"酒仙"。他用诗吐心中忧愤,以酒浇心中愁绪。李白的愁,是"安能摧眉折腰事权贵,使我不得开心颜"的愁。《月下独酌》中"花间一壶酒,独酌无相亲",一个"独"字,道出了李白的孤寂,酒成了诗人永远的情感寄托和精神恋人;

三是慷慨豪放之酒。陆游一生慷慨激昂:"悲歌击筑,凭高酹酒,此兴悠哉!"陆游的酒,是激壮的酒,悲号的酒,慷慨的酒。"明月几时有,把酒问青天",苏轼这一把酒问天,成了流传千古的经典,写得潇洒激昂,彰显了他豪爽、豁达的性格;

四是忧郁哀怨之酒。诗人们以他们敏锐的视觉,发现了社会底层劳苦大众的疾苦。如杜甫的"朱门酒肉臭,路有冻死骨"。女词人李清照一生离不开"愁"和酒。她的酒是黄昏的酒,凉夜的酒,凄风苦雨中沉郁的酒,如"昨夜雨疏风骤,浓睡不消残酒"。

酒与艺术结缘,形成了独特的"酒"意象,在纷繁的生活中抚慰着灵魂,激活了生命,在微醺中酿造出一个神奇迷离的审美境界。

❧ 巫峡

长江横切巫山山脉,形成著名的长江三峡,即瞿塘峡、巫峡和西陵峡三段峡谷。在文人笔下,"巫峡"一词已超出了其本身的物质概念。在长期的发展中,巫峡被赋予了浓郁的人文气息,成为一个意蕴悠长、深邃的意象。

巫峡意象的发展源远流长。宋玉的《高唐赋》《神女赋》是其发展中的一座里程碑。此后,巫山神女逐渐融入巫山意象之中。郦道元的《水经注》是一部具有文学价值的地理巨著,《巫峡》节选自《水经注·江水》。"江水又东,迳巫峡,杜宇所凿以通江水也。江水历峡东,迳新崩滩……其间首尾百六十里,谓之巫峡,盖因山为名也",介绍了巫峡确切的地理位置和名字的由来。

人们对巫峡的歌咏,既是在赞美它雄奇险峻的自然风光,又透露出对巫山险阻、江水湍急的震撼、惊恐。《水经注》中有"巴东三峡巫峡长,猿鸣三声泪沾裳",人们对巫山的畏惧可见一斑。

延展阅读

杜甫之圣与杜甫的泪

尽管古人有云:男儿有泪不轻弹,但是品读杜甫的诗歌,从描写唐朝不同阶段的历史画卷,到展现老百姓真实的生活状态,再到为天下士大夫发言呐喊,情到深处,杜甫都会情不自禁留下饱含深意的泪水,泪水中蕴含着"诗圣"之精髓,因此,品读杜诗之"泪",就是感受杜甫之"圣":圣在集大成者,圣在悲天悯人的高洁品格,更圣在忧患意识的家国情怀。

杜甫之圣,圣在悲天悯人的高洁品格。他不仅关爱妻儿,而且体恤民情。在《咏怀古迹五首(其二)》中,他唏嘘:"怅望千秋一洒泪,萧条异代不同时。"这是杜甫在吊念古人、感慨命运时流下的同病相怜之泪。杜甫曾在长安做过官,有天他刚到家,得知自己最小的儿子饿死了,就连隔壁邻居们都不禁悲伤而哭成一团,诗人在诗中写道:"吾宁舍一哀,里巷亦呜咽。所愧为人父,无食致夭折。"在极度悲伤的情况下,杜甫没有被失去爱子的悲痛所击倒,心中还惦念着那些失去土地的农民、那些还在戍守边境的战士,他最后结尾说"忧端齐终南,澒洞不可掇",自己家庭遭受贫穷困顿,但是他依然能够想到比他更加穷困、地位比他更低的人。如此的境界和格局,彰显了杜甫高贵的品格和人文思想的光芒。

杜甫之圣,圣在心忧天下、忠君爱国。杜甫一生四处漂泊,历尽艰辛与苦难,在这种颠沛流离的生活中,杜甫的忧患意识使他具备根植于内心的家国情怀。《春望》中,诗人为战争造成的山河破碎、妻离子散而流下家国之泪,写下"感时花溅泪,恨别鸟惊心"。安史之乱爆发,老百姓们流离失所,在听闻官军收复失地后,他激动地流下了喜悦之泪:"剑外忽传收蓟北,初闻涕泪满衣裳。"他为战火不息民生艰辛流下忧伤之泪,写下了《登岳阳楼》:"戎马关山北,凭轩涕泗流。"

杜甫之泪,是仁者之泪。杜甫喜欢用"泪""悲"等字入诗,这些诗均可成为他的"泪诗"。杜甫的"泪诗",从不同角度诠释了杜诗的精神内涵,也是打开杜甫诗歌精神世界的神奇钥匙,更是"诗圣"内涵之精妙所在。

"三吏三别"中的"诗史"内涵

"三吏三别"这组诗创作于唐乾元二年(759年)。当时"安史之乱"已爆发五年,战乱不堪的景象给诗人杜甫带来很大的冲击,于是他将所见所闻创作出来。"三吏"是指《新安吏》《潼关吏》《石壕吏》,"三别"是指《新婚别》《垂老别》《无家别》。它们不仅代表了杜甫诗歌创作的又一高峰,还彰显了杜诗"诗史"的内涵:既如实传达了唐朝由盛转衰中老百姓的悲痛,揭露统治者的无能和腐败,也真实地反映了安史之乱时期唐朝的历史画卷,并最终成就了杜甫悲天悯人的崇高品格和忧国忧民的家国情怀。

这组诗以哀民生之多艰为主题,深刻揭示了战争给人民带来的巨大不幸和困苦,表达了作者对饱受战乱之苦的老百姓的同情。如《垂老别》描写了一位老翁暮年从军、与老妻惜别的悲戚场景。"弃绝蓬室居,塌然摧肺肝。"当狠下心和老妻诀别离去时,老翁突然觉得五脏六腑有如崩裂似的苦痛。此外,杜甫也批判和揭露了统治者的无能,讽刺了不合理的社会制度。《新安吏》中"眼枯即见骨,天地终无情"深刻地揭露了兵役制度的不合理。唐王朝为补充兵力,强行抓人当兵。杜甫在《石壕吏》中写出了"吏呼一何怒!妇啼一何苦!"的诗句,有力地渲染出县吏如狼似虎的横蛮气势,如实地揭露了当时政治的黑暗。

杜甫用写实的笔法,在"三吏三别"诗组中,再现了安史之乱后官府的压迫、不合理的兵役制、无休无止的战争给老百姓带来的深重苦难,反映了唐朝由盛转衰的真实面貌。

学子慧言

_____

_____

_____

_____

_____

📖 **参考文献**

[1] 程千帆等.唐诗鉴赏辞典[M].上海:上海辞书出版社,1983:542-544.

[2] 邓晓玲.从《三吏》《三别》看杜甫的士人情怀[J].戏剧之家,2019(16):244.

[3] 张忠纲,孙微编选.杜甫集[M].南京:凤凰出版社,2014:199-201.

[4] 程千帆等.唐诗鉴赏辞典[M].上海:上海辞书出版社,1983:542-544.

[5] 孙丽娜.巫山意象的演变和意蕴[J].柳州师专学报.2005(9):15.

自 我 检 测

一、知识掌握

1. 杜甫,字_____,自称_____,是唐代最伟大的现实主义诗人,被尊称为"_____",与_____并称为"李杜"。

2. "却看妻子愁何在,漫卷诗书喜欲狂"诗句中,加点字解释正确的一项是(　　)

A. 回头　妻子和孩子

B. 但是　妻子

C. 但是　妻子和孩子

3.《闻官军收河南河北》一诗中,描写作者"狂喜"状态下打算收拾行李、启程还乡的句子是_____,_____。

二、语言品味

1. 有人评价诗句"漫卷诗书喜欲狂"中的"喜欲狂"作为全诗的基调,更是将整首诗的情感推到了最高峰,请结合上下联说说你的理解。

2. 后代诗论家赞《闻官军收河南河北》是杜甫"生平第一快诗也",结合诗句"即从巴峡穿巫峡,便下襄阳向洛阳",请你谈谈对"快"字的理解。

3. "初闻涕泪满衣裳"一句中,以形传神,刻画了诗人复杂的情感,结合背景资料,请说说你的理解。

三、文化理解

1. 杜甫写过不少爱国题材的诗歌,下列诗歌中不属于该题材的是(　　)。

   A. 北极朝廷终不改,西山寇盗莫相侵。——《登楼》

   B. 国破山河在,城春草木深。——《春望》

   C. 会当凌绝顶,一览众山小。——《望岳》

2. 诗句"白日放歌须纵酒"中关于"酒"的意象正确理解为(　　)。

   A. 快乐喜悦之酒

   B. 悲痛愁苦之酒

   C. 慷慨豪放之酒

3. 诗句"即从巴峡穿巫峡,便下襄阳向洛阳",既在本句形成对偶,又在前后句对偶,由此形成工整的地名对。下列诗句没有运用对偶手法的选项是(　　)。

   A. 两个黄鹂鸣翠柳,一行白鹭上青天

   B. 暮投石壕村,有吏夜捉人

   C. 星垂平野阔,月涌大江流

四、学习评价

知识掌握	自我评价	
	第一题	☆☆☆☆
	第二题	☆
	第三题	☆☆
语言品味	教师评价	
	第一题	☆☆☆
	第二题	☆☆☆
	第三题	☆☆☆

	自我评价	
文化理解	第一题	☆
	第二题	☆
	第三题	☆

评价标准:对应"自我检测"的三大类,答对一个空格得一星。

（倪 慧）

第二篇　边塞风情

　　"大漠孤烟直，长河落日圆"的边塞风光大气磅礴，但"醉卧沙场君莫笑，古来征战几人回"也述说着将士们的悲壮和凄苦。为了保家卫国，远赴边关连年征战，是什么让他们视死如归？是亘古不变的民族精神赋予他们强大的力量。下面让我们在"边塞风情"中领略将士们精神家园中不灭的火焰。

出　塞

[唐]王昌龄

秦时明月汉时关①，

万里长征人未还。

但使②龙城③飞将④在，

不教⑤胡马⑥度阴山⑦。

注释

① 关：古代在交通险要或边境出入的地方设置的守卫处所。

② 但使：只要。

③ 龙城：一说指李广的家乡天水，一说龙城位于今内蒙古呼和浩特市托克托县境内，此地位于阴山南麓、黄河以北的河套平原，当时为匈奴所占。

④ 飞将：汉朝名将李广。这里泛指英勇善战的将领。

⑤ 教：令，使。

⑥ 胡马：指侵扰中原的北方游牧民族骑兵。

⑦ 阴山：位于今内蒙古中部及河北北部。

诗歌大意：

> 依然是从秦汉时期延续至今的明月和边关，
>
> 征战万里、守边御敌的将士们至今还未归来。
>
> 倘若还有像飞将军那样英勇善战的将领在，
>
> 绝不会允许外敌南下，越过阴山，犯我国土。

 学习目标

1. 理解"还"的意思，了解世世代代的将士们战死沙场是千古共同的悲剧；能理解"教"的意思，感受秦筑长城，胡人不敢南下牧马，汉逐匈奴，单于内附的豪壮气概。

2. 领悟"龙城飞将"的喻义：这个典型的英雄不只是一个人，而是那个时代英勇善战、保家卫国的英雄形象。

3. 通过换字游戏，体会"月"和"关"前面使用"秦时""汉时"两个时间定语，其原因是边防筑城的措施始于秦汉，体现边关忧患的历史十分悠久。

4. 根据本诗的内容及情感，用自己的语言描绘出诗人笔下边关的沧桑景象，并展开相关想象和联想；通过吟诵，表达对中华民族英雄的讴歌和对祖国的热爱。

学习过程

一、学生准备

1. 通读古诗，读准字音，读通句子（适当停顿）。

2. 借助注释，初步理解古诗大意。

3. 查找相关资料，了解创作背景。

二、熟读成诵

1. 朗诵。

（1）学生大声诵读，做到朗朗上口。

（2）同桌互相诵读，交流对诗句的理解。

2. 尝试背诵。

三、自主学习

1. 阅读资源包中的"学习资料"。

2. 以小组为单位，根据"学习资料"进行自主学习。

（1）思考并讨论以下问题：

① "秦时明月汉时关"中"月"和"关"前面为什么要使用"秦时""汉时"两个时间定语？

② 王昌龄以"万里长征人未还"表达对戍边将士的深厚同情，但又希望朝廷起任像"龙城飞将"一样的良将讨伐侵扰中原的北方游牧民族，这样的表述矛盾吗？

（2）全班交流，教师指导点拨。

3. 完成自测。

四、情境说话

1. 交流古诗的创作背景、意境及所表达的情感。

2. 尝试选择合适的背景音乐。

3. 以小组为单位进行诵读表演的准备和排练。

4. 评一评。

		评价标准	自我评价	小组评价	教师评价
情境表演	情景构建	☆合理运用多媒体呈现出边关冷月的苍茫场景	☆☆☆	☆☆☆	☆☆☆
		☆☆通过恰当的配乐，营造苍凉悲壮的意境			
		☆☆☆在正确运用媒体和音乐的基础上，设置适切的旁白，引入诗句的朗读，烘托出诗人的爱国激情			
	情感	☆能在自然流畅的诵读中，感受苍茫雄浑的意境	☆☆☆	☆☆☆	☆☆☆

（续表）

		评价标准	自我评价	小组评价	教师评价
表达		☆☆在诵读中，通过恰当的神态、动作，表达保家卫国的豪壮气概			
		☆☆☆通过抑扬顿挫的诵读和生动形象的表演，表达对中华民族英雄的讴歌和对祖国的热爱			

附学习资料

师者感言

从古至今，正是无数将士为保家卫国浴血奋战、捐躯沙场，我们的国土才不会被外敌践踏，百姓才能安居乐业。一千多年前，唐代诗人王昌龄在边关写下的这首著名的边塞诗《出塞》，被称为"唐人七绝压卷之作"。诗句"但使龙城飞将在，不教胡马度阴山"也成为千古绝唱。每每吟起这两句，总有股热血在胸中澎湃。"冯唐易老，李广难封"[①]，人生困苦又如何？只要国家需要，我依然是那热血男儿，立马扬刀，驱敌于万里之外，守国以血肉之躯。

说文解字

字形演变

甲骨文　　金文　　小篆　　楷书

意义表达

"塞"是会意兼形声字。甲骨文从宀（表示房子），从工（表示一堆东西），从手，会用手把一堆东西塞到房子中之意。金文从穴，表示把洞塞好。隶变后楷

---

① 　语出王勃《滕王阁序》。

书写作"塞"。

《说文·土部》："塞,隔也。从土,从。"这是说"塞"的本义为堵塞、阻隔,读作 sāi,引申指填塞、充满;又引申指边境,读作 sài,意思是边界上的险要地方,相关的词语主要有要塞、关塞、塞外、边塞等。

"塞"还可读作 sè,表示堵住、填充空隙。

诗海撷英

醉卧沙场君莫笑,古来征战几人回？　　　　　　　　——王翰《凉州词》

黄沙百战穿金甲,不破楼兰终不还。　　　　　　　　——王昌龄《从军行》

羌笛何须怨杨柳,春风不度玉门关。　　　　　　　　——王之涣《凉州词》

戍鼓断人行,边秋一雁声。　　　　　　　　　　　　——杜甫《月夜忆舍弟》

四面边声连角起。千嶂里,长烟落日孤城闭。　　　　——范仲淹《渔家傲》

析情赏文

说到边塞诗,就不得不提这首《出塞》,它是唐朝众多的七言绝句中后世公认的最高水平,被称为"唐人七绝压卷之作"。那么这首《出塞》究竟有什么特别之处呢？

这首诗从描写景物入手,首句从时间、空间打开历史的坐标轴,勾勒出一幅冷月照边关的景象,自然地就形成了一种苍茫雄浑的意境,令人联想到自秦汉以来持续不断的边患和战争。"汉关""秦月"无不是融情入景,浸透了人物的感情色彩。

"万里长征人未还"已经成为世世代代将士的共同悲剧,多少男儿战死沙场,留下千古悲歌,令人唏嘘不已。一句"人未还"充满了温情的人文关怀,我们仿佛听到历史深处传来充满人性的叹息,余声和万里征途一样长。

在时空的宏阔背景下,人文的关怀和人性的精神出现之后,紧接着一个典型人物出现了——那就是"龙城飞将"。人们希望像神勇无比的"龙城飞将"李广那样的将领能够再世,平息战乱、安定边防,让胡人的铁骑永远不能越过阴山,践踏我们的国土,这是诗人对中华民族英雄的讴歌。

最后一句"不教胡马度阴山"立刻就使得第三句"但使龙城飞将在"中的英雄主义上升到爱国主义情怀的高度,表达了诗人希望朝廷起任良将,早日平息边塞战事,使人民过上安定的生活的愿望。

这首诗把复杂的内容熔铸在四行诗里,深沉含蓄,耐人寻味,既有对久戍士卒的浓厚同情和结束这种边防不顾局面的愿望,又流露了对朝廷不能选贤任能的不满,同时又以大局为重,认识到战争的正义性。全诗大气磅礴,一气呵成,上下五千年,纵横八万里,既有意象上的时空交错,又有文化上的深厚渊源,更有典型英雄形象的呼之欲出,还有绵绵不绝的人文关怀,可谓在最平实无华的主题中,凝练了贯穿时空的永恒思索。

明代大诗人李攀龙称此诗为"唐人七绝压卷之作",明代大才子杨慎编选《唐人绝句》也将这首诗列为"全唐第一",可谓是实至名归。

知人论世

📖 作者生平

王昌龄(698—757),字少伯,生于山西太原,盛唐时期著名的边塞诗人,被后人称为"诗杰"。担任过秘书省校书郎、江宁县丞、龙标尉等职,所以世人也称他为"王龙标"。

他的诗以七绝见长,语言精练、气势雄浑、格调高昂,有"诗家夫子""七绝圣手"之称。代表作有《出塞》《从军行七首》《芙蓉楼送辛渐》,著有《王江宁集》六卷。

📖 逸闻轶事

"饮酒论诗"

开元二十五年(737 年),同为著名边塞诗人的王之涣、王昌龄、高适都在东都洛阳游学。一天,飘着小雪,三人一起到旗亭(酒楼)饮酒。

当时酒楼里有梨园班子在演唱,唱到高潮的时候,四个年轻漂亮的姑娘开始演唱当时著名诗人的诗歌。高适对王之涣、王昌龄说:"我们在诗坛上也算有点名气,平时分不出高低,今天我们来打个赌,这四个姑娘唱谁的诗多就算谁赢。"二人表示赞同。

第一个姑娘出场就唱道:"寒雨连江夜入吴,平明送客楚山孤。洛阳亲友如相问,一片冰心在玉壶。"她唱的是王昌龄的《芙蓉楼送辛渐》。第二个姑娘唱到:"开箧泪沾臆,见君前日书。夜台何寂寞,犹是子云居。"这是高适的诗。第三个姑娘接着唱道:"奉帚平明金殿开,且将团扇共徘徊。玉颜不及寒鸦色,犹带昭阳日影来。"王昌龄十分高兴,说:"又是我的。"王之涣带着调侃的语气指着第四个姑娘说:"这个穿红色衣服姑娘最漂亮,如果再不唱我的诗,我这辈子就再不写诗了!"过了一会儿,只听那位姑娘唱道:"黄河远上白云间,一片孤城万仞山。羌笛何须怨杨柳,春风不度玉门关。"正是王之涣的《凉州词》。三人一听,抚掌哈哈大笑。

❧ 创作背景

王昌龄年轻时生活贫苦,主要依靠农耕维持生计,直到而立之年才中了进士。这首《出塞》作于他考中进士之前。公元 724 年,27 岁的王昌龄过阳关、出玉门,远赴西域边关。

《出塞》是乐府旧题。秦汉以来,边关多事,烽火不熄,士兵久戍不归。置身边塞的王昌龄关心边事,同情长期征战的士兵,认为边防上的要害问题是将领无用,不能抵御来犯的敌人。在一个月夜,边塞的夜格外幽静,皎洁的明月,雄伟的城关,让王昌龄想起了秦汉时的古战场,那些浴血奋战、驰骋沙场的将士们,又有多少人能回来?眼前的这场景又与百年前有何不同?感慨之际,一首《出塞》涌上心头。

知物谈艺

❧ 秦时明月

中国文化对月亮特别在意,月亮意象代表了中国人的审美取向。中国是农业社会,日出而作,日落而息。白天要劳于耕作,只有到晚上才能歇息下来。当晚上空闲下来的时候,人们就对着天空中的这轮明月,寄托无限的情绪、情怀以及审美诉求。因此,月亮在中国文化中特别重要。而秦是农业文明的第一个大一统帝国,秦时明月也就成了一种象征。

❧ 汉时关

秦汉时期,北方的匈奴一直对中原构成巨大的威胁。在秦代,匈奴曾一度为蒙恬所击败,逃往漠北,十多年不敢南下。秦朝覆灭后,匈奴趁楚汉相争、无暇北顾之机再度崛起,四面出击,重新控制了中国西北部、北部和东北部的广大地区。西汉王朝建立后,匈奴依然给北方地区人民带来深重的灾难,严重危害中国北部边境的安宁。汉武帝于公元前 129 年开始反击匈奴之战,历时四十四年之久,期间展开了三次重大反击作战(漠南之战、河西之战和漠北之战),取得决定性的胜利,从根本上解决了匈奴的南下骚扰问题,这也是第一次以全胜的姿态面对北方匈奴的袭扰,获得压倒性的优势,因此具有一种典型意义。因此"汉时关"的象征价值是不可替代的。

❧ 阴山

阴山山脉是中国北部一道东西走向的山脉,是一条非常重要的地理分界线。阴山在蒙古语中叫作"达兰咯喇",是七十多个黑山头的意思,指山脉连绵不绝。

阴山山脉南北两侧的景观和农业生产差异显著。山南是农业区,山北则是牧业区,而山区则是农牧林交错的地区。很显然,阴山山脉是北方游牧民族和中原文明的一个交界地带。早在公元五世纪的时候,著名的阴山岩画便被北魏地理学家郦道元发现,他在《水经注》中做了详细的记录。

延展阅读

谁是"龙城飞将"

"但使龙城飞将在"这一句诗,历来争议很大,这个"龙城飞将"到底指的是谁?按以前的说法,一般指的是飞将军李广。后人有异议,说"龙城飞将"应该是大将军卫青。理由如下:

第一,历史上可称为飞将军的,不只是李广。虽然《史记》确实说匈奴称李广为飞将军,但历史上很多名将都被称为飞将军,如三国时的吕布、隋代的单雄信、唐五代时期的李克用等。

第二,卫青在历史上确实打下了龙城,但是李广至死都没有到过龙城。公元前 129 年,匈奴大军南下,汉武帝果断任命卫青迎击匈奴。这一次汉军分兵四路出击,李广也带一路兵马。但唯有卫青这一路直出汉谷,兵出雁门,最后直捣龙城。这个龙城,就是匈奴祭扫天地祖先的地方,是匈奴的王庭。

第三,从最后一句"不教胡马度阴山"来看,当年李广驻守的地方主要是在山西的南部和辽西,离阴山非常遥远。而阴山在汉代主要指的是朔方城这一带,公元前 127 年,匈奴再次集结大军南下,汉武帝命大军进攻河套地区。卫青率军四万,采用迂回侧击的战术,绕到匈奴的后方,迅速占领了高阙,又率骑兵飞兵南下,成功占领了河套地区。此后,汉武帝下令在此修筑朔方城,设置朔方郡。而朔方郡的管辖范围,大致相当于今天内蒙古河套西北部。因此很多学者认为,"龙城飞将"指的应该不是李广,而是卫青。

不过,"龙城飞将"这个典型的英雄可能不只是一个人,他可以既指李广,又指卫青,也可以指霍去病,以及那个时代英勇善战、保家卫国的其他英雄。因此这一句其实是王昌龄对中华民族全体英雄的讴歌。

王昌龄诗中的月亮

王昌龄现存 182 首诗,其中有 66 首与月亮有关。

这些月亮,有的是边塞之月,是历史与战争无言的见证者。月亮无声地见证着边塞发生的事情,诗人的情怀和思索都蕴含其中。如他的《从军行》(其二):"撩乱边愁听不尽,高高秋月照长城。"《出塞》(其二):"骝马新跨白玉鞍,战罢沙场月色寒。"本课学习的这首《出塞二首》(其一)也是其中之一。

有的是宫怨之月,代表温柔敦厚的孤独与哀怨。月亮寄托着宫女的孤独与寂寞、思绪的哀伤。如《西宫春怨》:"斜抱云和深见月,朦胧树色隐昭阳。"《春宫曲》:"昨夜风开露井桃,未央殿前月轮高。"

有的则是赠别之月,是王昌龄自身孤独或宽慰朋友的象征。王昌龄一生人缘好,朋友多,常常用月亮表达他与友人离别的忧愁与孤独。如《送人归江夏》:"晓夕双帆归鄂渚,愁将孤月梦中寻。"《芙蓉楼送辛渐二首》(其二):"高楼送客不能醉,寂寂寒江明月心。"另如《李四仓曹宅夜饮》:"欲问吴江别来意,青山明月梦中看。"

总之,王昌龄诗中的月亮,无论是在边塞诗还是宫怨诗还是赠别诗之中,都是一个相对客观的存在。月亮可以寄托感情,但是不宣泄感情,是可共看、可见证的客体。李白诗中的月亮大多是主体,地位与李白平等,存在问月、呼月、邀月等情形,二者明显不同。

学子慧言

_____

_____

_____

_____

_____

📖 参考文献

[1] 郦波.唐诗简史[M].上海:学林出版社,2018.

[2] 辛文房.唐才子传[M].北京:中信出版社,2021.

[3] 曹志敏.诗说中国文化[M].北京:东方出版社,2017.

[4] 于丹.汉字之美[M].北京:北京联合出版公司,2020.

自我检测

一、知识掌握

1. 解释加点字。

但使龙城飞将在,不教胡马度阴山。

但使：_____　　　教：_____

2. 王昌龄，字_____，山西太原人。盛唐时期著名的_____诗人，被后人称为_____。（　　）

    A. 少伯　　边塞　　"诗鬼"

    B. 少卿　　田园　　"诗鬼"

    C. 少伯　　边塞　　"诗杰"

    D. 少卿　　田园　　"诗杰"

3. 这首诗从写景入手，从_____和_____上展开描写，营造出一幅冷月照边关的景象，自然地形成了一种苍茫雄浑的意境，令人联想到_____。
（　　）

    A. 时间　　地点　　唐朝的边患战争

    B. 时间　　人物　　自古至今所有的战争

    C. 时间　　空间　　自秦汉以来持续不断的边患战争

二、语言品味

1. 诗句"秦时明月汉时关"中"月"和"关"前面为什么要使用"秦时""汉时"两个时间定语？

2. 王昌龄以"万里长征人未还"表达对无边将士的深厚同情，但又希望朝廷起任像"龙城飞将"一样的良将讨伐侵扰中原的北方游牧民族，这样的表述矛盾吗？

3. 这首诗被后人称为"唐人七绝压卷之作"，谈谈你的理解。

三、文化理解

1. 诗句"秦时明月汉时关"中的"月"在本文中的意象正确理解为（　　）。

    A. 宫怨之月，代表温柔敦厚的孤独与哀怨

    B. 边塞之月，是历史与战争无言的见证者

    C. 赠别之月，是作者自身孤独或宽慰朋友的象征

2. "但是龙城飞将在"中的"龙城飞将"指的是（　　）。

    A. "飞将军"李广

    B. 直捣龙城的大将军卫青

    C. 英勇善战、保家卫国的英雄形象

3. 诗人发出"不教胡马度阴山"的誓言，是因为"阴山"是（　　）。

    A. 中国北部一道东西走向的山脉

B. 一条非常重要的地理分界线

C. 古代北方游牧民族和中原文明的天然屏障

四、学习评价

知识掌握	自我评价		
		第一题	☆☆
		第二题	☆
		第三题	☆
语言品味	教师评价		
		第一题	☆☆☆
		第二题	☆☆☆
		第三题	☆☆☆
文化理解	自我评价		
		第一题	☆
		第二题	☆
		第三题	☆

评价标准：对应"自我检测"的三大类,答对一个空格得一星。

（许　琼）

出塞

长相思①

[清]纳兰性德

山一程②,水一程,身向榆关③那畔④行,夜深千帐灯⑤。

风一更,雪一更,聒⑥碎乡心梦不成,故园⑦无此声⑧。

注释

① 长相思:词牌名。
② 程:道路、路程。
③ 榆关:山海关,在今河北秦皇岛。
④ 那畔:那边,指关外。
⑤ 千帐灯:皇帝出巡临时住宿的行帐灯火。千帐,形容军营很多。
⑥ 聒:声音嘈杂,这里指风雪声。
⑦ 故园:故乡。
⑧ 此声:指风雪交加的声音。

诗歌大意：

> 一程又一程,将士们马不停蹄向榆关进发。
>
> 夜已经深了,千万个帐篷里都点起了灯火。
>
> 风雪不停歇,嘈杂的声音打碎了思乡之梦,
>
> 想起温暖的故乡该是没有这样的风雪声。

学习目标

1. 借助注释,重点理解"榆关""聒""故园"等词的意思。

2. 感受词中出现的五种意象"山""水""灯""风""雪",体会词句的静态描写和动态描写,同时借助插图,想象词句描绘的景象。

3. 通过上片,大致了解作者叙述的事件,体会远离故乡的情状、行军的艰辛;通过下片,体会作者的思乡之情。

学习过程

一、学生准备

1. 听录音,按正确的节奏朗诵。

(1) 读准字音,在通读的基础上了解字义。

(2) 和小伙伴一起玩"文白对读"的游戏。

2. 查找相关资料。

二、熟读成诵

1. 朗诵。

(1) 学生大声诵读,做到朗朗上口。

(2) 同桌互相诵读,交流对诗句的理解。

2. 尝试背诵。

三、自主学习

1. 阅读资源包中的"学习资料"。

(1) 自主阅读。

（2）交流感受、心得。

2. 以小组为单位，根据"学习资料"进行自主学习。

（1）思考并讨论以下问题：

① 你能从词中的哪些地方感受到作者的思乡之情？

② 作者说"故园无此声"，真的是这样吗？在作者的梦境中，故园有什么？

（2）全班交流，教师指导点拨。

3. 完成自测。

四、情境表演

1. 想象词句描绘的景象，以文字的形式写下来。

2. 尝试选择合适的背景音乐。

3. 以小组为单位讨论，结合历史背景，将这首词改编为一个剧本（包括旁白、道具等）。

4. 评一评。

		评价标准	自我评价	小组评价	教师评价
情境表演	背景建构	☆场景中包含"帐篷""夜晚""灯光"等主要元素	☆☆☆	☆☆☆	☆☆☆
		☆☆场景中包含"帐篷""夜晚""灯光"等主要元素，加入风雪等背景声，营造行军营地的场景			
		☆☆☆场景中较完整地包含"群山""风雪""帐篷""夜晚""灯光"等元素，通过风雪等背景声，营造行军在边塞营帐的场景			
	人物演绎	☆通过旁白，表现诗人情绪	☆☆☆	☆☆☆	☆☆☆
		☆☆通过旁白，表现诗人情绪，语言清楚、有条理			
		☆☆☆通过旁白，表现诗人情绪，语言清楚、有条理，具有感染力			
	情感表达	☆能大致表现出作者的思乡之情	☆☆☆	☆☆☆	☆☆☆
		☆☆通过表演，能自然、流畅地表现出作者身处荒凉边塞之地时的思乡之情			
		☆☆☆通过表演，能强烈地表现出作者身处荒凉边塞之地时的思乡之情			

附学习资料

师者感言

　　自李白的"平林漠漠烟如织,寒山一带伤心碧"起,古诗词中出现了许多描写人在羁旅的佳作,囿于词这一形式的特殊性,它们多数表达的是异乡漂泊的惆怅,或是对感伤往事的追思。总的来说,风格以柔婉、凄美为主。

　　纳兰性德的这首词同样在写旅途愁绪,但却写出了别种风味,其中"夜深千帐灯"一句被蜚声海内外的著名学者王国维推崇备至,被誉为为数不多堪与"明月照积雪""大江流日夜""中天悬明月""长河落日圆"等千古壮观相媲美的词作。

说文解字

⚘ 字形演变

金文　　　战国文字　　　篆书　　　隶书　　　楷书

⚘ 意义表达

　　"思"是会意兼形声字。从心,从囟(xìn),囟亦声。囟就是脑子,古人认为心脑合作产生思想。思的本义为思考,想,考虑。由此引申出怀念、悲伤、意念、创作的构想等。

　　《长相思》是词牌名,唐教坊曲名,又名"吴山青""山渐青""相思令""长思仙""越山青"等。双调三十六字,常常抒发相思缠绵之意。本首词没有单列题目,词牌也可以看作是本首词的题目。"思"当取思念、怀念之意。

诗海撷英

　　日暮乡关何处是,烟波江上使人愁。　　　　　　——崔颢《登金陵凤凰台》

　　露从今夜白,月是故乡明。　　　　　　　　　　——杜甫《月夜忆舍弟》

无端一夜空阶雨,滴破思乡万里心。　　　　　——张咏《雨夜》

人言落日是天涯,望极天涯不见家。　　　　——李觏《乡思》

不忍登高临远,望故乡渺邈,归思难收。　　——柳永《八声甘州》

析情赏文

　　纳兰性德是康熙皇帝的一等侍卫,康熙北上祭祖,纳兰一起随同。边塞风雪凄迷,天气苦寒,于是词人将自己对故园的无限思念和依恋写进了这首感人肺腑的《长相思》中。整首词通篇白描,语言淳朴而意味深长,取景宏阔而对照鲜明。

　　上片以"山一程,水一程"发端,运用反复的手法,重复使用"一程"二字,使读者眼前已然出现了路途遥远、词人艰难行路的模样:他跋山涉水,翻过崇山峻岭,行行重行行,一程接一程……

　　"身向榆关那畔行",点明目的地是偏远的山海关。然而,离"榆关"越近,也就意味离"故园"越远。句中的"身"向榆关,正暗示出了"心"向故园,表明词人此次出行情绪并不高,我们可以联想出一幅词人留连家园、频频回首的画面。

　　"夜深千帐灯"既是上片感情酝酿的高潮,也是上、下片之间的自然转换,起到承前启后的作用——日间行军劳顿,人困马乏,到了夜晚,人们在荒原上搭起帐篷准备就寝,"千帐"内灯火通明。"夜深千帐灯"这五个字看起来寻常,朴素中却有万千气象,王国维《人间词话》里这样评价:"'明月照积雪''大江流日夜''中天悬明月''长河落日圆',此种境界,可谓千古壮观。求之于词,唯纳兰容若塞上之作,如《长相思》之'夜深千帐灯'、《如梦令》之'万帐穹庐人醉,星影摇摇欲坠'差近之。"可见此句的非凡地位。

　　下片从叙事转为写景,侧重游子思乡之苦,交代了深夜不眠的原因。

　　"风一更,雪一更",两个"一更"叠用,使人的眼前仿佛出现了边塞狂风卷地而起,夹杂着大片的雪花,扑打帐篷经久不息的情景。这句话也从侧面写出了天寒地冻之夜,词人辗转难眠的状态。

　　"聒碎乡心梦不成",写出了在"千帐灯"下,词人倾听着一更又一更的风雪之声,不禁想起"故园",唤醒"乡心"。这句话更呼应了上片"夜深千帐灯"一句,回答了深夜不寝的原因。"聒"字突出了风雪声响之大;"聒碎乡心"以夸张手法,形象地表现了词人辗转难眠的情状。

　　"故园无此声"交代了梦不成的原因。故乡是没有这样连绵不绝的风雪聒噪声的,当然可以酣然入梦;那么,故园有什么声呢? 是母亲的亲切嘱托? 还是兄弟间的觥筹交错？这一切都留待读者去想象。

这首词上片叙事铺陈壮观，下片写景曲折有致。全篇融细腻情感于雄壮景色之中，尽显非凡，作者用山、水、千帐灯、风、雪等大的物象，来寄托细腻的情感思绪。缠绵而不颓废，柔情中又流露出慷慨之意。

知人论世

作者生平

纳兰性德(1655—1685)，原名纳兰成德，字容若，号楞伽山人，满洲正黄旗人，康熙进士，官至一等侍卫。清朝著名词人，与朱彝尊、陈维崧并称"清词三大家"。

纳兰性德的词以"真"取胜，写景逼真传神，词风清丽婉约，哀感顽艳，格高韵远，独具特色，被国学大师王国维誉为"北宋以来，一人而已。"著有《通志堂集》《侧帽集》《饮水词》等。代表作有《木兰词·拟古决绝词柬友》《临江仙·寒柳》《画堂春·一生一代一双人》等。

逸闻轶事

纳兰性德的待友之道——生馆死殡

这个故事发生在纳兰性德和两位大学者顾贞观和吴兆骞(qiān)之间。

吴兆骞因事牵连，被皇帝大笔一挥，全部家产被充公，全家人一并流放宁古塔(就是今天的黑龙江)，过着非常艰苦的日子。顾贞观是吴兆骞的至交好友，他认为好友遭到了不公的待遇，发誓一定会全力把吴兆骞营救回来。

当时，顾贞观恰巧在纳兰明珠(纳兰性德之父)家当私塾先生，借着这个机会，他向纳兰性德求助，刚开始，纳兰性德并不答应。见自己救不了好友，顾贞观不禁悲从中来，写下了两首催人泪下的千古绝唱《金缕曲》。没想到纳兰性德看后大为感动，甚至流下了眼泪，他当时就说："何梁生别之诗，山阳死友之传，得此而三。此事三千六百日中，弟当以身任之，不需兄再嘱之。"意思是说，自古以来写朋友离别之情最好的诗词，一是李陵写苏武的，一是向秀写嵇康的，最后就是你写的这首了。救人的事，不需要你再多言，我一定尽力。

经过顾贞观、纳兰性德、纳兰明珠等各方的努力，加上吴兆骞本人献上长达1800句的《长白山赋》以取悦皇帝，最终，流放关外数十年的吴兆骞终于活着回关内了。这件事并没有就此结束，纳兰性德担心他居无定所，在吴兆骞回京以后，纳兰性德立马聘用他为学馆里的老师，教自己的弟弟学业，还为他安排住所。

两年后，吴兆骞在返回家乡探亲的途中过世了。当时纳兰性德人在江南，他听到消息后立刻回京，为吴兆骞操办丧事，并出钱护送灵柩回到吴兆骞的家乡吴江。

这就是"生馆死殡"，生的时候为好友的衣食住行操心、负责，死了之后还负责出殡下葬等事宜。纳兰性德和吴兆骞原本并无交集，就因为顾贞观的两首词，成为"生馆死殡"的好友。看来，纳兰性德果真是个性情中人啊。

创作背景

公元 1682 年（康熙二十一年）二月十五日，云南平定，康熙帝出关东巡，祭告奉天祖陵。词人随从康熙帝诣永陵、福陵、昭陵告祭，二十三日出山海关。

塞上风雪凄迷，席地狂风呼啸，天气苦寒难忍，纳兰与将士们深夜无法入睡，驻扎的营寨灯光如星点，此时此刻，纳兰多想在梦中回到故土京师，让心灵得到片刻的安宁，无奈恶劣的环境使小小的愿望也成为奢望。既然无法实现归家的愿望，也就只能将思念之情寄托于纸笔之间，于是，纳兰就写下了这首《长相思》。

知物谈艺

灯

赏灯品烛是古代文人的雅好，灯烛是中国古典文学作品中出现时间较早、使用频率较高的经典意象，具有丰富的文化内涵。灯意象清贫，有燃烧自己、照亮黑暗的特质，寄托的精神偏向于奉献。灯意象常和夜、雨、秋相伴，象征孤独寂寞的心境。如司空曙《喜外弟卢纶见宿》："雨中黄叶树，灯下白头人。"元稹《闻乐天授江州司马》："残灯无焰影幢幢，此夕闻君谪九江。"

雪

古诗词中，雪往往与风、雨、霜等意象相联，合力表达处境之艰难、凄苦、悲切。具体来说，有的表现苍茫、壮阔的场面，如岑参《白雪歌送武判官归京》："忽如一夜春风来，千树万树梨花开。"有的表达寂寞、荒凉的心境，如柳宗元《江雪》："孤舟蓑笠翁，独钓寒江雪。"还有的表达寂静、清凉的景色，如白居易《夜雪》："夜深知雪重，时闻折竹声。"

在边塞诗中，雪还成为烘托边塞军营生活艰苦，戍边将士身处艰难处境的意象。如杨炯《从军行》："雪暗凋旗画，风多杂鼓声。"

故园

故园即故乡，是对往日家园的称呼。古诗词中，有许多作品借"故园"（或

"故乡")表达对家乡的热爱与眷恋,如刘过"百年为客老,一念爱乡深",张咏"无端一夜空阶雨,滴破思乡万里心"。有时,"故园"的内涵更是上升至祖国,如岑参"遥怜故园菊,应傍战场开",杜甫"丛菊两开他日泪,孤舟一系故园心"均表达了作者在安史之乱中,对李唐王朝的怀念和对国家早日统一的期盼。

一些古诗词勾勒了人们心中理想家园的模样,如辛弃疾"最喜小儿亡赖,溪头卧剥莲蓬",张志和"青箬笠,绿蓑衣,斜风细雨不须归"。

本首词中,"故园"兼具生活场景(即家乡北京)及精神意象的作用。

延展阅读

天下第一关——山海关

山海关,又称榆关、渝关、临闾关,位于河北省秦皇岛市,是明长城的东北关隘之一,因其依山襟海,故名山海关,素有中国长城"三大奇观之一""天下第一关""边郡之咽喉,京师之保障"之称,与万里之外的嘉峪关遥相呼应,闻名天下。

山海关古城是明万里长城上的重要的军事城防体系,城周长约 4 千米,与长城相连,以城为关。东门镇东楼气势雄伟,因地处要隘,形势险要,是山海关古城的标志性建筑;其上匾额长 5 米,高 1. 5 米,每个字都一米有余,相传是明代成化八年进士、山海关人萧显所题。字为楷书,笔力苍劲浑厚,与城楼风格浑然一体,堪称古今巨作。

左右两侧分别建有靖边楼、牧营楼、镇东楼、临闾楼和威远堂,一字排开,均匀分布在一千多米长的长城线上,称为"五虎镇东";城中心建有钟鼓楼,关城街巷呈棋盘式布局,城外四瓮城拱卫,形成重城并护之势;外层筑有罗城、翼城、卫城、哨城等,展示出中国古代严密的城防建筑风格。

山海关是全国第一批重点文物保护单位,并于 1987 年被列入世界文化遗产名录。

纳兰性德与边塞词

纳兰性德是清词三大家之一,他的词独具魅力,包括友情词、悼亡词、边塞词等。在他的所有词作中,边塞词的内容尤为丰富,可谓独树一帜。

一、状塞外之景

纳兰的边塞词雄浑苍凉,如《蝶恋花》中"画角声中,牧马频来去",《菩萨蛮》中"毡幕绕牛羊,敲冰饮酪浆"等都描写了边塞壮丽的景观。

著名的《采桑子·塞上咏雪花》是纳兰在跟随康熙皇帝北巡塞上时所作,纳兰惊讶于塞上的雪之凛冽,便有感而发,落笔写下:

非关癖爱轻模样,冷处偏佳。别有根芽,不是人间富贵花。

谢娘别后谁能惜,飘泊天涯。寒月悲笳,万里西风瀚海沙。

"寒月悲笳,万里西风瀚海沙"二句使我们的眼前仿佛出现这样一幅景象:西风萧萧,嘶嘶马鸣,胡笳声起,纳兰独自一人,正行走在浩瀚无边的荒漠中,伴随着他落寞的身影的,还有漫天纷扬的大雪……这二句作结,整首词愈加显得景象阔大,气韵沉厚。

二、写行役之苦

黄沙白茅,穷山恶水,人迹罕至,凄清苍凉……这些尽是塞外呈现的景象。在这样的景观前,纳兰内心不禁产生了"羁栖良苦"的郁闷情绪,他也常常将内心深处的悲哀与孤独,融入边塞词中。

康熙二十一年(1682年)二月,纳兰奉命出塞。征途中,词人看到气象雄壮的营地,于是创作了这首颇具特色的《如梦令》:

万帐穹庐人醉,星影摇摇欲坠,归梦隔狼河,又被河声搅碎。还睡、还睡,解道醒来无味。

和《长相思》一样,在凄凉冷寂的边塞生活中,词人都试图通过"梦"来摆脱现实。

三、抒怀人之愁

伤离恨别是边塞诗词中主要表现内容之一,也构成了纳兰边塞词的主旋律。纳兰二十一至三十一岁间,因职务缘故,常年随皇帝巡幸,不得不离家远游。离开了温暖的家庭,他不时感到孤寂和凄凉。面对广袤、荒凉的塞外风景,他大胆抒发自己内心的真实感受,于是,思念家中亲人、慨叹故园生活变成了纳兰边塞词的主旋律。

纳兰自康熙十五年受命为三等侍卫以来,多次奉驾宸游塞外,他在塞上写下这首思念妻子的《清平乐》:

塞鸿去矣,锦字何时寄。记得灯前伴忍泪,却问明朝行未。

别来几度如珪,飘零落叶成堆。一种晓寒浅梦,凄凉毕竟因谁。

上片从爱妻落笔,写她对词人的刻骨相思,下片写自己,描绘了此时的愁思与寂寞。多处生动的细节将相思和凄楚之情表达得淋漓尽致。

又如本首《长相思》,词中没有任何用典,没有任何华丽辞藻,却写出了"千古壮观"的意境。人在塞上,心在闺中,纳兰真是性情中人。

学子慧言

_____

_____

_____

_____

_____

参考文献

[1] 丁成泉.唐玲玲.田蕙兰.黄济华.古今诗粹[M].武汉:湖北教育出版社,1985.

[2] 纳兰性德.纳兰词全鉴[M].北京:中国纺织出版社,2016.

[3] 纳兰性德.纳兰词典评[M].北京:中国华侨出版社,2011.

[4] 蓝光中.历代诗歌选读[M].广州:中山大学出版社,2011.

[5] 王雅菲.大学语文[M].北京:北京理工大学出版社,2018.

[6] 王国维.人间词话[M].周锡山校.太原:北岳文艺出版社,2004.

[7] 张丽.王军涛."劳人只合一生休"——纳兰性德边塞词研究[J].山西青年:2018-23.

[8] 王芳."落日万山寒,萧萧牧马还"——论纳兰性德边塞词的内容[J].长江工程职业技术学院学报:2010-12.

自 我 检 测

一、知识掌握

1. 纳兰性德,字_____,_____朝著名词人。词风_____,被国学大师王国维誉为"北宋以来,一人而已"。　　（　　）

　　A. 容若　清　清丽婉约

　　B. 容若　清　粗犷豪放

　　C. 成德　清　粗犷豪放

　　D. 成德　明　清丽婉约

2. 解释加点字。

聒碎乡心梦不成,故园无此声

聒:_____　　故园:_____

3.《长相思》一词中,直截写出游子思乡之苦的词句为(　　)。

　　A. 身向榆关那畔行,夜深千帐灯

B. 聒碎乡心梦不成,故园无此声

二、语言品味

1. 试着用低沉的声音缓慢地读"山一程,水一程",你的眼前出现了怎样的画面?

2. 作者说"聒碎乡心梦不成",试着想象一下,作者这个关于"故园"的梦境中有什么?

3. 为什么说"夜深千帐灯"在整首词中起到承前启后的作用?

三、文化理解

1. 本诗的写作背景和哪一历史事件密不可分?(　　　)

    A. 黄河泛滥,康熙帝南巡,治理黄河。

    B. 云南平定,康熙帝出山海关,祭告祖陵。

    C. 智擒鳌拜,康熙帝夺回朝廷大权。

2. "榆关"在本文中指(　　　)。

    A. 天下第一关——山海关

    B. 天下第一雄关——嘉峪关

    C. 东、西方交通的重要通道——玉门关

3. 故乡是我们生长的根,故乡是我们记忆的故园。下列诗句中,没有表现出作者对故园眷恋之情的选项是(　　　)。

    A. 胡马依北风,越鸟巢南枝

    B. 日暮乡关何处是,烟波江上使人愁

    C. 春风十里扬州路,卷上珠帘总不如

四、学习评价

		自我评价	
知识掌握		第一题	☆
		第二题	☆☆
		第三题	☆
语言品味		教师评价	
		第一题	☆☆☆
		第二题	☆☆☆
		第三题	☆☆☆

(续表)

文化理解	自我评价		
	第一题		☆
	第二题		☆
	第三题		☆

评价标准:对应"自我检测"的三大类,答对一个空格得一星。

(李谢林)

第三篇　传统节日

　　我国的传统节日述说着中华民族的文化记忆,"总把新桃换旧符"的万象更新,"路上行人欲断魂"的凭吊哀思,"穿尽红丝几万条"的美好向往,"每逢佳节倍思亲"的故土乡愁……让我们走进"传统节日"这一篇章,在认识节日、了解习俗的过程中,感受我国丰富多彩的社会生活以及博大精深的历史文化。

元　日①

[宋]王安石

爆竹声中一岁除②，

春风送暖入屠苏③。

千门万户曈曈④日，

总把新桃换旧符⑤。

注释

①元日：农历正月初一，即春节。

②一岁除：旧的一年过去了。

③屠苏：屠苏酒。古时汉族风俗，人们于农历正月初一饮屠苏酒以避瘟疫。

④曈曈：明亮的样子。

⑤总把新桃换旧符：大家都拿新门神换掉了旧门神。桃符是用桃木做成的，古时候每到春节，家家户户都用两块桃木板子，画上两个神像，挂在大门上，为了驱除魔鬼。

诗歌大意:

　　阵阵轰鸣的爆竹声中,旧的一年已经过去,

　　温暖的春风送来了新年的气息,人们畅饮着屠苏酒。

　　初升的太阳照耀着千家万户,

　　人们都忙着把旧的桃符取下,换上新的桃符。

 学习目标

　　1. 理解"屠苏"的意思,知晓饮用屠苏酒是古代过年时的一种习俗,家家户户按照先幼后长的次序饮用屠苏酒;理解"曈曈"的意思,感受元日迎来春的气息以及家家户户辞旧迎新,美好而又充满希望的景象。

　　2. 根据本诗的内容及相关文化传统,了解诗句中所描绘的欢天喜地、热热闹闹的节日景象;用自己的语言介绍春节的习俗和节日活动,感受诗人对新年的盼望以及辞旧迎新的美好愿望;领悟诗中新事物终将取代旧事物的寓意。

　　3. 通过知识竞赛,在熟悉春节期间"爆竹声""入屠苏""换旧符"等传统节日习俗的基础上,探究了解其他传统节日的文化和习俗。

学习过程

一、学前准备

1. 借助重点字词注释,了解古诗主要内容。

2. 了解创作背景。

3. 资料收集。

(1)桃符和门神的由来。

(2)春节的其他传统习俗。

(3)以"传统节日"为主题的古诗词。

(4)其他传统节日习俗。

二、熟读成诵

1. 读准字音，在通读的基础上了解字义。

2. 和小伙伴一起读一读，尝试分享对诗句的理解。

3. 背诵。

三、合作学习

1. 学习准备。

(1) 读准字音，在通读的基础上了解字义。

(2) 分小组读一读，尝试体会诗歌的情感。

(3) 感受《元日》中的传统文化习俗以及人们迎新年的喜悦之情。

2. 以小组为单位，借助资源包中的"学习资料"进行学习。

(1) 阅读"学习资料"。

(2) 以小组为单位，讨论以下两个问题：

① 第一句中的"除"是否和诗歌的后文有对应？请找出来并说明理由。

② 第二句中的"送"寄托着作者怎样的思想感情？

3. 完成自测。

四、拓展延伸

1. 充分了解整首诗的主要内容以及其中所表现的中国古代春节习俗，延伸拓展其他传统节日习俗（如重阳节、中秋节等）。

2. 准备好情景朗诵所需要的媒体、音乐、道具等。

3. 分小组在理解诗歌内容和情感的基础上进行朗诵。

4. 评一评。

元日

		评价标准	自我评价	小组评价	教师评价
情境表演	情景构建	☆合理运用道具、背景等呈现春节家家户户一派欢快喜庆的景象	☆☆☆	☆☆☆	☆☆☆
		☆☆通过合适的配乐，营造人们辞旧迎新的欢乐、热闹的氛围			
		☆☆☆在正确运用媒体和音乐的基础上，引入诗句的朗读，表现诗人内心对新政胜利推行的信心和期望			

(续表)

		评价标准	自我评价	小组评价	教师评价
	表演形式	☆通过诵读的方式进行表演,烘托欢快、喜庆的节日氛围	☆☆☆	☆☆☆	☆☆☆
		☆☆采用不同的吟诵形式进行表演,呈现新年欢乐、热闹的景象			
		☆☆☆在吟诵的过程中,合理地进行情境表演,表现人们喜气洋洋迎接新春的场景			
	情感表达	☆能在自然流畅的朗诵中,表现人们迎接春节的欢快、热闹的场面	☆☆☆	☆☆☆	☆☆☆
		☆☆能在诵读中,通过合适的神态、动作,表达人们欢度新春的兴奋和喜悦之情			
		☆☆☆能通过抑扬顿挫的诵读和生动形象的表演,表达诗人坚信新事物终将战胜旧事物的信念			

📂 附学习资料

师者感言

中华民族有着五千多年的悠久历史,广为流传的中国传统节日多种多样,各种节日的活动方式带给人们不同的氛围和感受。其中,春节是中国从古到今最为重要的传统节日之一,隆重喜庆。可是,如今,人们却越来越感到春节的平常,"年味"正渐渐淡去。

王安石的这首《元日》,再现了传统的春节活动和习俗,人们放鞭炮、饮屠苏酒、贴桃符等等,呈现出热闹祥和、欢乐喜庆和万象更新的景象。同时,这也是一首充满哲理的作品,"总把新桃换旧符",预示着新事物终将取代旧事物。阅读此诗,能激发我们重视中国传统节日、热爱传统文化的热情,同时也能让我们充满乐观、积极向上的精神。

说文解字

字形演变

甲骨文　　金文　　小篆　　楷书

意义表达

"元"是指事字。甲骨文:从兀(削去人的头发),又用短横指明头的部位,以表示人头。金文大致相同,小篆的形体整齐化。隶变后楷书写作"元"。《说文》:"元,始也。从一,从兀。"(元,开始。由一、由兀会意。)

(1) 本义就是头。《左传·僖公三十三年》:"狄人归其元。"意思是狄人送还了他的头。

(2) 引申指人们的首领。如"元首"。又引申为开头、开始或第一。如《公羊传·隐公元年》:"元年者何,君之始年也。"

诗海撷英

海日生残夜,江春入旧年。　　　　　　　　　　——王湾《次北固山下》

儿童强不睡,相守夜欢哗。　　　　　　　　　　——苏轼《守岁》

半盏屠苏犹未举,灯前小草写桃符。　　　　　　——陆游《除夜雪》

析情赏文

这首诗主要描写了春节辞旧迎新的景象。在诗人的笔下,一切看起来都是那么的富有朝气而又让人心生美好,新年的到来也预示着新事物和新希望。诗人是如何通过描写新春的景象来展现新事物的美好和希望的呢?

我们先来看诗题,"元日"指的是农历正月初一。这首诗歌围绕古代人民迎接新年的主题,选取中国传统民间习俗,蕴含着丰厚的文化传统。诗人通过从民间老百姓迎接新年的传统习俗入手:放鞭炮、饮屠苏酒、换新桃符等,充分表现春节期间家家户户迎新年的喜庆和欢乐氛围,读来浅显易懂。诗歌前两句"爆竹声中一岁除,春风送暖入屠苏",逢年过节燃放爆竹,这种习俗从古便有,一直延续至今。

接着,诗歌的第三句写到"千门万户曈曈日",承接前面诗意,是说家家户户都沐浴在初春的第一束阳光之中。结尾一句变换了表达方式,由描述转为议论。桃符指画有神荼、郁垒两个神像或写有这两个神像名字的桃木板。古代民间过春节的习俗之一便是于年初一的早晨,人们将桃符挂在自家门上,用来"辟邪"。"总把新桃换旧符",是个压缩省略的互文句式,"新桃"省略了"符"字,"旧符"省略了"桃"字,交替补充运用,这是因为七绝每句字数有限制,也体现出律诗对仗工整的字数特点。通过对桃符的更换这一镜头的描写,充分体现出"辞旧迎新"的主题。

其实,这首诗表现的意境和现实,还自有它的比喻、象征意义。通过了解创作背景,我们不难知道,这首诗正值诗人王安石推行新政之际,它以辞旧迎新来比喻和歌颂新法的胜利推行。而这首诗正是赞美新事物的诞生如同"春风送暖"那样生机勃勃。诗中也向人们传递着深刻的哲理,没落事物终将被新生事物所取代。整首诗读起来寓意深刻,令人回味无穷。

知人论世

❧ 作者生平

王安石(1021—1086),字介甫,号半山,人称半山居士。临川县城盐埠岭(今江西省抚州市临川区邓家巷)人。北宋著名改革家,曾推行变法。前期创作主要是"不平则鸣",注重社会现实,反映下层人民的痛苦,倾向性十分鲜明,风格直接明白;晚年退出政坛后,心情渐趋平淡,大量的写景诗、咏物诗取代了前期政治诗的位置。后期创作"穷而后工",致力于追求诗歌艺术,重意象和修辞,含蓄深沉,以富有神韵的风格在当时诗坛上自成一家,世称"王荆公体"。

王安石可以称得上历史上著名学者兼政治强人,其思想缜密,散文与诗词也卓然成家,是"唐宋八大家"之一。

❧ 逸闻轶事

妙笔生花

江西抚州的王安石少有大志,曾挑着书箱行李,从家乡临川,来到宜黄鹿岗芗林书院求学。在名师杜子野先生指导下,他勤奋苦读,每至深夜。

一日,王安石翻阅王仁裕《开元天宝遗事》,得知李白梦见自己所用的笔头上长了一朵美丽的花,因此,才思横溢,后来名闻天下。于是他拿着书问杜子野先生："先生,人世间难道真会有生花笔吗?"

杜子野正色道:"当然有啊! 事实上有的笔头会长花,有的笔头不会长,只是我们的肉眼难以分辨罢了。"

王安石见杜子野先生如此认真,便道:"那么先生能给我一支生花笔吗?"

于是,杜子野拿来一大捆毛笔,对王安石说:"这里九百九十九支毛笔,其中有一支是生花笔,究竟是哪一支,连我也辨不清楚,还是你自己寻找吧。"

王安石躬身俯首道:"学生眼浅,请先生指教。"

杜子野摸着胡须,沉思片刻,严肃地说:"你只有用每支笔去写文章,写秃一支再换一支,如此一直写下去,定能从中寻得生花笔。除此,没有别的办法了。"

从此,王安石按照杜子野先生的教导,每日苦读诗书,勤练文章,足足写秃了五百支毛笔。可是这些笔写出来的文章仍然一般,也就是说还没有从中找到"生花笔"。他有些泄气,于是又去问杜子野先生:

"先生,我怎么还没有找到那支生花的笔呢?"

杜子野没有说什么,他饱蘸墨汁,挥笔写了"锲而不舍"四个大字送给他。

又过了好久,王安石把先生送给他的九百九十八支毛笔都写秃了,仅剩一支。一天深夜,当他提起第九百九十九支毛笔时,突然觉得文思潮涌,行笔如云,一篇颇有见地的《策论》一挥而就。他高兴得直跳了起来,大声喊:"找到了,我找到生花笔了!"

从此,王安石用这支"生花笔"学习写字,接着乡试、会试连连及第,之后又用这支笔写了许多改革时弊、安邦治国的好文章,也因此成为"唐宋八大家之一"。

(选自《发展》,2009 年 6 月第 1 期)

❧ 创作背景

此诗是作于王安石被任命为宰相、开始实施新政之际。1067 年宋神宗继位,便开始任用王安石为江宁知府,随即诏为翰林学士兼侍讲。为摆脱当时面临重重危机的宋王朝和外敌不断侵扰的困境,1068 年,神宗召王安石"越次入对",之后王安石便上书主张变法。

次年王安石任参知政事,主持变法。同年春节,当王安石看见每家每户都在筹备过新年的景象,便联想到变法刚刚开始,社会也即将迎来崭新的面貌,随即写下了这首诗。

知物谈艺

爆竹

爆竹声声辞旧岁,梅花朵朵迎新春。古往今来,烟花与节日、诗词结下不解之缘。历经千年风云变幻,烟花诗词菁华荟萃,灿若星辰。从古至今,人们都保留着在新春佳节燃放烟花爆竹的传统习俗,因此爆竹也成为唐宋诗词作品中的常见意象。诗人往往会以"爆竹"入题,通过描写春节习俗,展现欢乐氛围,表达喜悦心情,从而抒发内心思念以及家国情怀。

春风

春风是有情意的。"春风知别苦,不遣柳条青"(《劳劳亭》),出自唐代大诗人李白的诗句。写出了春风似乎知道这世间的离别之苦,于是乎故意不吹拂柳条让它发青。在李白的诗句里,春风是多么善解人意,也能够让离别人的内心得到些许如春风般的温暖!

春风是神奇的。"不知细叶谁裁出,二月春风似剪刀。"(《咏柳》)在贺知章的笔下,春风就像一把神奇的剪刀,可裁出柳叶、杏桃等一切象征春天到来的美好事物。

春风是一种不可抗拒的生命力的象征,是给万事万物带来新生的使者。我们所熟知的唐代诗人白居易的名句"野火烧不尽,春风吹又生"(《赋得古原草送别》)就表现出野草顽强的生命力,而这顽强的生命力正是春风所赋予的。唐代诗人孟郊"春风朝夕起,吹绿日日深"(《连州吟》),生动描写春风让大地的绿草越来越茂盛;王安石脍炙人口的诗句"春风又绿江南岸"(《泊船瓜洲》),写出了神奇的春风给大自然带来的改变,万物复苏的景象跃然纸上,新生事物则充满了美好和希望。

同时,春风也象征着政治现象,孟郊的"春风得意马蹄疾,一日看尽长安花"(《登科后》),这里的"春风"便象征着金榜题名,成语"春风得意"便出自于此。

桃符

桃符属于汉族传统民俗文化代表,历经数千年,一直出现在民间百姓的生活里。古时候老百姓只要喜逢新春佳节,便会在桃木板上写上"神荼""郁垒"二神的名字,亦或者用笔在纸上画出他们的画像,悬挂、张贴于门上,这一习俗主要是为了祈福压邪。民间传说桃木有辟邪的作用,这就是最早桃符的来源。古诗词中的桃符一般指的是对联。

延展阅读

王安石变法

宋神宗即位的时候才二十岁，是个想要有所作为的青年。他看到国家不景气，有心改革图强。可是他周围的人，都是仁宗时期的老臣，就是像富弼这样支持过新政的人，也变得暮气沉沉。宋神宗想，要改革现状，一定得找个得力的助手。宋神宗即位前，身边有个官员叫韩维，常常在神宗面前提出一些很好的见解。神宗称赞他，他说："这些意见都是我朋友王安石说的。"宋神宗虽然没见过王安石，但是对王安石已经有了一个好印象。现在他想找助手，自然想到了王安石，就下了一道命令，把正在江宁做官的王安石调到京城来。

王安石是宋朝著名的文学家和政治家。他年轻时，文章写得十分出色，得到欧阳修的赞赏。王安石二十岁中进士，就做了几任地方官。他在鄞（yín）县（今浙江鄞县）当县官的时候，正逢那里灾情严重，百姓生活十分困难。王安石兴修水利，改善交通，治理得井井有条。每逢青黄不接的季节，他就打开官仓，把粮食借给农民，到秋收以后，让他们加上官定的利息偿还。这样做，农民不再受大地主豪强的剥削，日子比较好过一些。

王安石做了二十年地方官，名声越来越大。后来，宋仁宗调他到京城当管理财政的官，他一到京城，就向仁宗上了一份万言书（约一万字的奏章）提出他对改革财政的主张。宋仁宗刚刚废除范仲淹的新政，一听到要改革就头疼，把王安石的奏章搁一边。王安石知道朝廷没有改革的决心，跟一些大臣又不合，就趁母亲去世的时机，辞职回家。

这一回，他接到宋神宗召见的命令，又听说神宗正在物色人才，就高高兴兴应召上京。王安石一到京城，宋神宗就叫他单独进宫谈话。神宗一见面就问他："你看要治理国家，该从哪儿着手？"王安石从容不迫地回答："先从改革旧的法度，建立新的法制开始。"宋神宗要他回去写个详细的改革意见。

王安石回家以后，当天晚上就写了一份意见书，第二天送给神宗。宋神宗认为王安石提出的意见都合他的心意，越加信任王安石。公元 1069 年，宋神宗把王安石提升为副宰相。那时候，朝廷里名义上有四名宰相，有的病了，有的老了。有的虽然不病不老，但是一听见改革就叫苦连天。王安石知道，跟这批人一起办不了大事，经过宋神宗批准，他任用了一批年轻的官员，并且设立了一个专门制定新法的机构。这样一来，他就放开手脚进行改革了。

王安石变法一定程度上改变了北宋积贫积弱的局面，充实了政府财政，提高了国防力量,也打击、限制了封建地主阶级和大商人非法渔利。

(选自百度文库《历史名人王安石变法的故事》,2022)

王安石"推敲"的故事

王安石的代表作《泊船瓜洲》:"京口瓜洲一水间,钟山只隔数重山。春风又绿江南岸,明月何时照我还?"古诗第三句中的"绿"字极为传神,据说跟诗人贾岛当年写"僧敲月下门"时对"推"与"敲"二字在选取时所下的功夫不相上下。

本来这首诗的第三句是"春风又到江南岸",但写完后,王安石觉得"春风又到江南岸"的"到"字太死,看不出春风一到江南是什么景象,缺乏诗意,想了一会,就提笔把"到"字圈出,改为"过"字。后来细想一下,又觉得"过"字不妥。"过"字虽比"到"字生动一些,写出了春风的一掠而过的动态,但要用米表达自己想回金陵的急切之情,仍嫌不足。于是又圈出"过"字,改为"入"字、"满"字。这样改了十多次,王安石仍未找到自己最满意的字。他觉得有些头疼,就走出船舱,观赏风景,让脑子休息一下。王安石走到船头上,眺望江南,春风拂过,青草摇舞,麦浪起伏,更显得生机勃勃,景色如画。他觉得精神一爽,忽见春草碧绿,这个"绿"字,不正是我要找的那个字吗?一个"绿"字把整个江南生机勃勃、春意盎然的动人景象表达出来了。想到这里,王安石好不高兴,连忙奔进船舱,另外取出一张纸,把原诗中"春风又到江南岸"一句,改为"春风又绿江南岸"。为了突出他反复推敲、来之不易的那个"绿"字,王安石特地把"绿"写得稍大一些,显得十分醒目。一个"绿"字使全诗大为生色,全诗都活了。这个"绿"字就成了后人所说的"诗眼"。

(选自莫俊峰《新语文学习(教师版)》,2007.3)

学子慧言

_____

_____

_____

_____

📖 参考文献

[1] 张鸣. 宋诗选[M]. 北京:人民文学出版社,2007.

[2] 王安石. 元日[EB/OL]. https://www.chinanews.com/hwjy/2011/01-26/2814182.

shtml.2014(更新或修改日期)[引用日期].获取和访问途径.

[3] 李梦生.宋诗三百首全解[M].上海:复旦大学出版社,2007.

[4] 缪钺等.宋诗鉴赏辞典[M].上海:上海辞书出版社,1987.

[5] 黄瑞云.宋诗三百首[M].郑州:中州古籍出版社,1997.

自 我 检 测

一、知识掌握

1. 王安石字_____，人称_____居士。抚州临川人。其文雄健峭拔，为"唐宋八大家"之一。_____著名的_____、文学家、思想家、革命家。（　　）

  A. 介甫　半山　南宋　政治家

  B. 乐天　香山　南宋　书画家

  C. 介甫　半山　北宋　政治家

  D. 乐天　香山　北宋　书画家

2. 解释加点字

  爆竹声中一岁除，春风送暖入屠苏。

  千门万户曈曈日，总把新桃换旧符。

  屠苏：_____　　曈曈：_____

3.《元日》一诗中，描写了诗人在元日（即_____月_____）这一天看到的_____、_____、_____三种不同的节日习俗。诗中提到的"总把新桃换旧符"这一习俗具体的寓意是_____（A. 美观　B. 辟邪　C. 求福）。

二、语言品味

1. "春风送暖入屠苏"中"暖"字让你感受到春节怎样的景象？

2. 说说"千门万户曈曈日"所描绘的画面。

3. "总把新桃换旧符"这句诗寄托了诗人怎样的思想感情？

三、文化理解

1. "爆竹"在本诗中的意象正确理解为（　　）。

  A. 取"爆竹"入诗，记新春习俗，写佳节热闹

  B. 取"爆竹"这一古人日常生活中的典型事物，诉亲人思念

C. 取"爆竹"这一意象,抒家国情怀,发人生感慨

2. "春风"在本诗中的意象正确理解为(　　)。

A. 一种政治象征

B. 一种不可抗拒的生命力的象征

C. 一种新希望的象征

3. 诗人通过描写"爆竹""屠苏""桃符",不仅因为这些都是春节的典型意象,更是因为(　　)。

A. 这些事物都能给家家户户起到辟邪驱魔的作用

B. 这些事物都象征着新事物取代旧事物,新旧交替

C. 这些事物都带给了诗人积极而又乐观向上的精神品质

四、学习评价

	自我评价		
知识掌握	第一题	☆	
	第二题	☆☆	
	第三题	☆☆☆☆☆☆	
语言品味	教师评价		
	第一题	☆☆☆	
	第二题	☆☆☆	
	第三题	☆☆☆	
文化理解	自我评价		
	第一题	☆	
	第二题	☆	
	第三题	☆	

（陈欣芮）

清　明①

[唐]杜　牧

清明时节雨纷纷②，

路上行人欲断魂③。

借问④酒家何处有？

牧童遥指杏花村⑤。

注释

①　清明：二十四节气之一，在四月五日前后。民间风俗当天有扫墓、踏青等活动。

②　纷纷：叠词，形容多。

③　欲断魂：形容惆怅不乐，好像失去魂魄的样子。

④　借问：请问。

⑤　杏花村：杏花深处的村庄，在今安徽省贵池县秀山门外。受此诗影响，后人多用"杏花村"作酒店名。

诗歌大意：

> 江南的清明时节，细雨纷纷飘洒，
> 路上羁旅的行人，个个落魄断魂。
> 请问当地之人，在哪里可以买酒浇愁？
> 牧童笑而不答，却指向远处的杏花村。

学习目标

1. 了解本诗的节日背景，借助注释了解诗句的意思，展开联想，描述诗中的节日情景。

2. 理解"纷纷"的意思，感受春雨的特点和凄迷而又美丽的境界；理解"欲断魂"的意思，感受作者此情此景下孤身行路的愁绪。

3. 体会诗中"遥"和"杏花村"所留下的想象空间，感悟古诗中情景交融的表现手法。

4. 通过表演创作，感受"路上行人欲断魂"与"牧童遥指杏花村"的意境。

学习过程

一、学习准备

1. 自主阅读古诗，读准读通诗句。

2. 借助注释，通过联系生活实际、展开想象，理解诗句的意思。

二、熟读成诵

1. 诵读。

(1) 朗读古诗，在通读的基础上了解字义。

(2) 和小伙伴一起读一读，描述诗中节日景象。

2. 背诵。

三、自主学习

1. 以小组为单位，借助资源包中的"学习资料"进行自主学习。

（1）阅读"学习资料"。

（2）以小组为单位,讨论以下两个问题：

① 从第一句中的"纷纷"一词用得好不好？表现了作者怎样的心情？

② 作者在表达"路上行人欲断魂"之后又是如何进一步表现自己的愁绪之情的？

2. 完成自测。

四、情境表演

1. 理解"欲断魂"的意思,通过联系生活实际感知作者此情此景下孤身行路的愁绪。

2. 体会诗中"遥"和"杏花村"所留下的想象空间。

3. 尝试通过表演创作,展现出"路上行人欲断魂"与"牧童遥指杏花村"的意境。

4. 学生准备后,以小组为单位进行情境表演。

5. 评一评。

		评价标准	自我评价	小组评价	教师评价
情境表演	情景构建	☆能基本了解节日背景	☆☆☆	☆☆☆	☆☆☆
		☆☆能准确了解节日背景			
		☆☆☆能准确了解节日背景并将其融入表演			
	人物演绎	☆能准确表现人物特点	☆☆☆	☆☆☆	☆☆☆
		☆☆能通过动作、神态、语言等表现人物特点			
		☆☆☆能入情入境地通过动作、神态、语言等表现人物特点			
	情感表达	☆能准确表现人物情感	☆☆☆	☆☆☆	☆☆☆
		☆☆能较自然地准确表现人物情感			
		☆☆☆能关注细节,传神地表现人物情感			

附学习资料

师者感言

　　《清明》是唐代文学家杜牧的诗作。这首小诗的表现手法自然:第一句交代了情景、环境、气氛;第二句写出了路上那些上坟祭扫人凄迷纷乱的心境;第三句提出了如何摆脱这种心境的办法;顺其自然地直接写出了第四句,成为整篇的精彩所在。起承转合,衔接自然,这是由低而高、逐步上升、高潮顶点放在最后的手法。① 这首小诗,一个难字也没有,一个典故也不用,整篇运用十分平白的语言,流畅自如地描绘出生动、感人的情景,是一篇不可多得的佳作。

说文解字

明

字形演变

甲骨文　　金文　　篆文　　隶书　　楷书

意义表达

　　明,会意字。在字形上,早期甲骨文中的"明"字由"日""夕(月)"组成,表示日月交辉而大放光明之意。后期甲骨文中的"明"字将"日"改写为类似"囧"的窗格子形状,在"明"字演变到隶书之前,这个形状始终保持着,因而自此至楷书以前"明"字都表示月亮照窗。金文中的"明"字在此基础上将"夕"改写为"月",由此发展为秦代小篆中的"明"字。隶书中的"明"字则分为两类:第一类承续小篆字形,在楷书中写作"朙",简化后作为"明"的繁体字;第二类则先将左边的字形改写为"目",然后再改写为"日",恢复了早期甲骨文中"明"字的字形和字义。在字义上,"明"字的本义是日月交辉而大放光明,由此引申指照亮、点燃、公开的、天亮等。

---

① 　语出《古代诗歌精萃鉴赏辞典》。

在古代汉语里,"明"的意思主要有下几个:

(1)照亮。如杜甫《月》:四更山吐月,残夜水明楼。

(2)分辨,区分。如《荀子·正名》:是非之形不明。

(3)聪慧。如《老子·第三十三章》:知人者智,自知者明。

(4)眼力好,视觉敏锐。如司马迁《史记·淮南衡山列传》:臣闻聪者听于无声,明者见于未形。

(5)眼睛,视力。《礼记·檀弓上》:子夏丧其子而丧其明。

诗海撷英

春城无处不飞花,寒食东风御柳斜。 ——韩翃《寒食》

燕子来时新社,梨花落后清明。 ——晏殊《破阵子·春景》

独绕回廊行复歇,遥听弦管暗看花。 ——白居易《清明夜》

析情赏文

"清明时节雨纷纷",清明节这一天,诗人杜牧在行路途中,碰巧遇上了纷纷细雨,是那种"天街小雨润如酥"般的细雨。这"雨纷纷"不仅形容雨细而密,更是在形容雨中行路者的心情,传达了凄迷而又美丽的境界。"纷纷"是形容春雨,可也形容情绪;甚至可以说,形容春雨,就是为了形容情绪。这正是中国古典诗歌里寓情于景、情景交融的一种表现手法。

"路上行人欲断魂","行人"是指出门在外的行旅之人,不是那些游春逛景的人。诗句中的"魂"指的是情绪、心情等,"断魂"说明"路上行人"的心中有着强烈的哀伤,简直是失魂落魄。古往今来,当文人墨客有相爱相思、惆怅失意等情绪时,常用"断魂"这一词语来表达心境。

前两句交代了情景,后两句写"断魂"的行人,想打听一下哪里有酒家。因为他想歇歇脚,避避雨,顺便小饮几杯,暖暖身子,也借酒消愁,暂时除去一些心中的烦忧。于是,诗人便向人问路了——"借问酒家何处有"。

那么他是向谁"借问"的?能不能找到酒家呢?诗人在第三句里并没有说出,而"牧童遥指杏花村"揭示了答案。从语法上讲,"牧童"是这一句的主语,可它实则又是上句"借问"的宾语。牧童是否回答了,我们不得而知,但是他以"行动"作为答复,比答话更鲜明有力。

句中的"遥"是"遥远"的意思,可以理解成"远远地就能看见",意思是行人顺着牧童手指的方向,可以看见远处的林梢,酒旗招展,那是一个小小的酒家,正等候接待雨中的"路上行人"。这一"指"仿佛让读者看到,在隐约的红杏林中,"酒望子"挑出一个酒帘,正在招揽行人入店饮酒呢!我们试想一下,若距离遥远,就难以产生联系;但若就在眼前,那就失去了含蓄无尽的兴致,妙就妙在"不远不近"!"杏花村"不一定是真实存在的村名,也不一定指的就是酒家,但这些并不重要了,重要的是往这个美丽的杏花深处的村庄去就够了。

诗人写到"遥指杏花村"戛然而止,不再多费一句话。行人如何闻讯而喜,如何加把劲儿赶路,如何兴奋地找着了酒家,又是如何欣慰地获得了避避雨、消消愁的满足……这些诗人都"不管"了。他把这些情愫都隐含在篇幅之外,给予读者充分的想象空间,让读者自行领会。①

古人曾说过,好的诗能够"状难写之景,如在目前;含不尽之意,在于言外"②。那么《清明》在一定意义上,可是当之无愧的好诗。

知人论世

❀ 作者生平

杜牧(803—853),字牧之,唐代诗人,京兆万年(今陕西西安)人,宰相杜佑之孙。晚年常居樊川别业,世称杜樊川。性刚直,不拘小节,不屑逢迎。

杜牧的文学创作有多方面的成就,诗、赋、古文均有盛名。文以《阿房宫赋》为最著,诗作明丽隽永,绝句诗尤受人称赞,世称小杜。与李商隐齐名,合称"小李杜"。主要著作有《泊秦淮》《江南春》《赤壁》《题乌江亭》等,脍炙人口,著有《樊川文集》。

杜牧诗歌的艺术美在于具有"豪爽健朗的形象美""强烈坦荡的诗情美""清新明洁的意境美"。

❀ 逸闻轶事

知耻而后勇

作为晚唐的代表性诗人,杜牧二十三岁写《阿房宫赋》,讽刺时事,广为流传;二十五岁写长篇五言诗《感怀诗》,表达对藩镇的见解,独树一帜;二十六岁进士及第,取得全国第五名的好成绩。可谓是少年得志,壮志踌躇,那个时候的杜牧也有些心高气傲。

话说有一天,杜牧与友人到长安城南文公寺游玩,发现里面异常安静,有一

---

① 语出《古代诗歌精萃鉴赏辞典》。

② 语出欧阳修《六一诗话》。

个老僧拥褐独坐,一副超然物外的世外之人风采。杜牧上前与之交谈,觉得此人玄言妙旨,远非一般僧人可比拟。后来老僧反过来问杜牧的姓名和职业,与杜牧前来的人赶紧大唱赞歌,说杜牧如何出身名门,而今名满长安之类,谁知老僧微微一笑,言道:皆不知也。意思就是说,你说的这些我都不知道,从未听过此人。

一般人听到这里,应该都有些恼怒吧,但杜牧在失望之余,没有恼怒,反而深刻反思自己,并且赋诗一首时刻提醒自己:家在城南杜曲旁,两枝仙桂一时芳。禅师都未知名姓,始觉空门意味长。

杜牧的这个小故事告诉我们做人要谦虚,时刻反省自己,提升自己,才能避免盛极而衰,从而获得更大的进步。

✿ 创作背景

清明节,杜牧在路上行走,忽然天色一暗,继而刮起凉风,旁边的杏花纷纷而落。顷刻间,细小的雨滴掉了下来,打湿了地面,也打湿了春衫。杜牧叹了口气,继续朝前赶路。走着走着,杜牧觉得累了,想找个地方歇息一下。心有愁绪的杜牧便想借酒浇愁,同时也给自己去去寒气。但此处郊外,远离市集,并无酒肆可以停歇。杜牧连着问了好几个人,都说不清楚附近是否有酒肆。

这时,一个小童赶着三只黄牛往这边走来,杜牧往前走了几步开口问路,小童指了指远处说道,顺着这个方向一直走到"杏花村"就有客栈酒肆。没多久,杜牧来到酒肆,酒足饭饱,便吟道:"借问酒家何处有,牧童遥指杏花村。"客栈老板听到后,便请求杜牧:"只想求先生再开金口,以全该诗。"这便有了全诗。

知物谈艺

✿ 清明

清明节,也称"植枝节""踏青节""聪明节",时间在公历四月五日前后。清明是我国二十四节气之一,但它作为节日,又与节气不同,节日包含着一定的风俗活动和某种纪念意义。

清明节是我国兴农事、祭祖宗的节日。西汉的《淮南子·天文训》:"春分后十五日,斗指乙,为清明"。元代吴澄的《月令七十二候集解》:"三月节……物至此时,皆以洁齐而清明矣。"故谓之清明。由于寒食节与清明节只隔一两日,所以寒食节与清明节活动基本一致。到了唐代,两个节日就合二为一了。寒食清明的主要风俗是祭祖扫墓、插柳踏青、兴农事等,各地区、各个时代还有不同的民间风俗及游艺活动。

清明之际,春回大地。正是郊游的大好时光。唐宋以后,这个节日别具特色,它既有古墓累累、纸钱纷飞;又有踏青寻春、芳草拾翠。荡秋千、蹴鞠、打马球、拔河、斗鸡、采百草、放风筝等一系列丰富多彩的娱乐活动,更使这个节日充满了春天的欢乐。今日的清明有祭祖、扫墓、植树、踏青、祭扫烈士墓等活动。江苏一带还沿袭清代的送百虫、吃青团等习俗。①

🎋 杏花村

让"杏花村"一词真正名声大噪的正是杜牧的《清明》。在这首诗中,"杏花村"除了"村庄"意象,还加上了"酒"意象,形成了杏花村有酒的"村庄"意象。

其实"杏花村"与"酒"的结合并不奇怪。"杏花"与"村"的结合源于"杏花"意象,而"杏花村"与"酒"的结合则有两个缘由。首先是"杏花"与"酒"的关联。唐时,每年进士考试结束,恰逢杏花盛开时节,朝廷都会在都城长安曲江池畔的杏园,设宴招待新科进士,这就是所谓的杏园宴。杏园宴的出现,为杏花抹上了一层浓浓的酒意,很多吟咏杏花的诗歌都因杏园宴而转寄语酒。

这首诗中的"杏花村"与《全唐诗》中的"杏花村"意象相比,有很大的翻新。《全唐诗》中的"杏花村"都是很凄凉的孤僻的小山村景象,而《清明》诗中的"杏花村"是一个温暖热闹、有人有酒的"山村"意象。这样的村庄在雨纷纷、人断魂的清明时节,无疑具有吸引人的无限魅力。这也是《清明》诗传唱百年的缘由所在。诗中的"杏花村"也不一定是实指,因为诗人意在塑造一个与清明时节凄凉气氛相对立的形象:清明时节,桃李未放,只有杏花开得正热闹,杏花深处有人必有酒。这个有酒的杏花村形象得之偶然,却感人至深,影响极大。

延展阅读

清明节的由来

我国人民有"饮水思源"的传统美德。据《梦粱录》记载,在古代,每到清明节这一天,无论达官贵人,还是普通百姓,都会去上坟、扫墓、祭祖,表达对先人的敬意和怀念。这一天,扫墓是最重要的活动。

相传春秋时代,晋国的君主晋献公有一位名叫骊姬的妃子。她年轻美貌,但为了让自己的儿子奚齐继承皇位,就用毒计害死了太子申生。

申生的弟弟重耳为了躲避骊姬的迫害逃离了晋国,一路上受尽屈辱。有一次,重耳因为饥饿晕倒了,大臣介子推就从自己的腿上割下了一块肉,用火烤熟后捧给重耳吃。就这样,他们颠沛流离,历尽艰辛,终于在19年后回到了晋国,

---

① 语出《中华国粹大辞典》。

后来,重耳成为历史上很有名的晋文公。

重耳做了国君后,封赏所有跟随他流亡的随从,唯独介子推拒绝受封,带母亲隐居绵山去了。晋文公下令放火烧山,想逼介子推带老母出来。谁知这场大火却把介子推母子烧死了。介子推留下一封血书,上面写道:"割肉奉君尽丹心,但愿主公常清明。"为纪念介子推,晋文公下令将这一天定为"寒食节"。第二年晋文公率众臣登山祭奠,发现当时的柳树死而复生,便赐柳树为"清明柳",并晓谕天下,于是又把寒食节的后一天定为"清明节"。

十年之约

杜牧下江南游历时,在湖州看到一位乡村老妇人,她带着一个女子。杜牧看了好一会儿,激动地说:"这个女子真是天姿国色!"杜牧向女子表达心意之后,说:"不是马上就娶她,只是要订下迎娶的日期。"老妇人说:"将来若是违约失信,又应当怎么办呢?"杜牧说:"不到十年,我必然来这里作郡守。如果十年不来,就按照你们的意思嫁给别人吧。"女子的母亲同意了。杜牧便给了贵重的聘礼。

分别后,杜牧一直想念着湖州,想念着这位女子。可杜牧官职较低,不能提出调任湖州的请求。后来杜牧出任黄州、池州和睦州刺史,但这都不是他的本意。等到杜牧的好朋友周墀出任宰相,杜牧便接连写了三封信,请求出任湖州刺史。859年,四十七岁的杜牧终于获得了湖州刺史的职位。此时距离与当年那对母女约定的时间,已经过去了十四年。那位女子已经出嫁三年,生了三个孩子。杜牧将女子的母亲叫来。这老妇人带了外孙来见杜牧。杜牧责问说:"从前你答应将女儿许配给我,为什么要违背诺言呢?"老妇人说:"原来的约定是十年,可十年过了,你没有来,女儿才出嫁的。"杜牧取出盟约看了看,心想:她讲得很有道理。若是强迫她,是会闹出祸事来的。于是,杜牧便送给老妇人很多礼物,让她走了。杜牧觉得伤心不已,写下了《叹花》:自是寻春去校迟,不须惆怅怨芳时。狂风落尽深红色,绿叶成阴子满枝。

学子慧言

📖 参考文献

［1］萧涤非等.唐诗鉴赏辞典[M].上海:上海辞书出版社,1983:1101-1102.

［2］陈政.字源谈趣[M].南宁:广西人民出版社,1986年11月第1版:248-249.

［3］周汝昌.千秋一寸心:周汝昌讲唐诗宋词[M].北京:中华书局,2006:92-96.

［4］萧涤非等.唐诗鉴赏辞典[M].上海:上海辞书出版社,1983:1407.

［5］王开春.杜牧《清明》赏析[J].学语文,2014(06):45-46.

［6］白新辉.古典诗词中的"杏花村"意象[J].绵阳师范学院学报,2013,32(10):39-41.

［7］王西平,张田.杜牧诗歌艺术美浅析[J].人文杂志,1984(6):115-119.

［8］虞文清.四大古典文学名著中的湖州元素[J].湖州师范学院学报,2021,43(01):21-28.

［9］王文炎,陈瑞,梁凤霞.中医"神明"的探讨与思考[J].环球中医药,2020,13(9):1499-1502.DOI:10.3969/j.issn.1674-1749.2020.09.007.

［10］鲁原.人生元本一首诗——唐诗故事[M].上海:东方出版中心,2016(10):327-334.

自 我 检 测

一、知识掌握

1. 杜牧字_____,号_____,今陕西西安人。_____(朝代)文学家、大和进士。其文自成一家,与_____齐名,合称"_____"。其主要作品有_____、_____。

2. 解释加点字。

借问酒家何处有,牧童遥指杏花村。

借问:_____   遥:_____

3. 诗中描写了作者"孤身一人行走在绵绵春雨中,愁绪万千"的诗句是_____。

二、语言品味

1. 诗句"清明时节雨纷纷"中"纷纷"一词是什么意思,这个词仅仅是在形容雨吗? 请简要说一说。

2. 诗句"路上行人欲断魂"中的"欲断魂"让你感受到了作者怎样的心情?

3. 请你用两三句话来说一说诗句"借问酒家何处有,牧童遥指杏花村"所描绘的画面。

三、文化理解

1. "杏花村"在本诗中的意象正确理解为(　　)。

　　A. 凄凉的孤僻的小山村景象

　　B. 温暖热闹的有人有酒的山村

　　C. 开满杏花的村庄

2. 以下对于"清明节"别称有误的一项是(　　)。

　　A. 踏青节

　　B. 祭祖节

　　C. 五月节

3. 清明节有哪些民间风俗？请你试着写3个：_____、_____、_____。

四、学习评价

知识掌握	自我评价		
	第一题	☆☆☆☆☆☆☆	
	第二题	☆☆	
	第三题	☆	
语言品味	教师评价		
	第一题	☆☆☆	
	第二题	☆☆☆	
	第三题	☆☆☆	
文化理解	自我评价		
	第一题	☆	
	第二题	☆	
	第三题	☆☆☆	

评价标准：对应"自我检测"的三大类，答对一个空格得一星。

(成冯霞)

乞 巧①

[唐]林 杰

七夕今宵②看碧霄③，

牵牛织女渡河桥。

家家乞巧望秋月，

穿尽红丝几万条④。

注释

① 乞巧:旧时风俗。中国民间传说农历七月初七的晚上,喜鹊在银河上搭桥,让牛郎、织女在桥上相会。妇女们在这一天穿针,向织女学巧,就叫做乞巧。

② 宵:夜晚。

③ 碧霄:指浩瀚无际的青天。

④ 几万条:比喻多。

诗歌大意:

七夕的夜晚,人们抬头仰望浩瀚的天空,
仿佛看见牛郎织女渡过银河在鹊桥相会。

> 家家户户都在一边观赏秋月,一边乞巧,
> 女子穿过的红线,加起来都有几万条了。

学习目标

1. 借助注释,了解"乞巧""碧霄"等词的意思。

2. 感受诗中的丰富想象,体会"家家乞巧望秋月,穿尽红丝几万条"二句中蕴含的对于美好生活的热爱和期盼。

3. 根据本诗的内容及情感,了解中国传统节日乞巧节,以及诗中叙述的民间传说——牛郎织女的故事;对中国传统节日产生兴趣,并通过古诗这一途径,对其他相关的节日展开自主的学习、探究。

学习过程

一、学习准备

1. 听录音,按正确的节奏朗读古诗。

(1) 读准字音,在通读的基础上了解字义。

(2) 和小伙伴一起玩"文白对读"的游戏。

2. 自主阅读学习材料。

二、熟读成诵

1. 读准字音,在通读的基础上了解字义。

2. 和小伙伴一起读一读,尝试分享对诗句的理解。

3. 背诵。

三、合作学习

1. 以小组为单位,借助资源包中的"学习资料"进行合作学习。

(1) 交流阅读学习资料的感受和收获。

(2) 以小组为单位,讨论以下两个问题:

① 这首诗中提及了关于七夕佳节的哪些传统习俗?

② "家家乞巧望秋月,穿尽红丝几万条"中的"家家""尽"给你以怎样的感觉?

2. 完成自测。

四、情境表演

1. 根据古诗内容,罗列诗歌中的"七夕"元素。

2. 以小组为单位讨论,将"望秋月""牛郎织女的传说""乞巧"等七夕元素融合在一起,结合历史背景,增添新的元素,将其改编为一个剧本。

3. 以小组为单位分工,排练、表演。

4. 评一评。

		评价标准	自我评价	小组评价	教师评价
情境表演	情景构建	☆有体现"七夕"元素的道具	☆☆☆	☆☆☆	☆☆☆
		☆☆通过合理使用道具,大致能呈现"七夕"的节日氛围			
		☆☆☆适当补充符合七夕元素的道具,营造出浓郁的节日氛围			
	人物演绎	☆正确表现"望月""乞巧"的内容	☆☆☆	☆☆☆	☆☆☆
		☆☆以清晰、流畅的语言,正确表现"望月""乞巧"的内容			
		☆☆☆以清晰、流畅的语言,在正确表现"望月""乞巧"内容基础上,适当补充七夕节的其他传统活动			
	情感表达	☆能基本表现出对美好生活的期盼和向往的情绪	☆☆☆	☆☆☆	☆☆☆
		☆☆能自然、流畅地表现出对美好生活的期盼和向往的情绪			
		☆☆☆能强烈地表现出对美好生活的期盼和向往的情绪			

📁 附学习资料

师者感言

小时候,每当夜幕降临,我就喜欢依偎在妈妈怀里数星星。天上有许许多多的星星，光亮闪耀，时隐时现，形状不一，这时候，妈妈亲切的声音在耳边响起，"你看，那是牛郎、织女星呢!"她开始给我讲牛郎织女的故事，我听得津津有味。

长大后，我知道了，牛郎织女的传说还和七夕节息息相关，七夕、重阳、元宵……这些从远古先民时期发展而来的中华传统节日，不仅清晰地记录着中华民族先民丰富而多彩的社会生活，更传承着博大精深的历史内涵。

说文解字

$$巧$$

❧ 字形演变

金文大篆　　　　　小篆　　　　繁体隶书

乞巧

❧ 意义表达

"巧"是形声字。小篆从工（筑杆，表示建筑有技巧），万声，隶变后楷书写作"巧"。

《说文·工部》："巧，技也。从工，万声。"（巧，技能。从工，万声。）

"巧"的本义是技能好。引申指灵巧、能干，如"巧妇难为无米之炊"。又指美好、精妙，如《诗经·卫风·硕人》："巧笑倩兮，美目盼兮。"还引申指伪诈、虚浮不实，如《论语·卫灵公》："巧言乱德。"用作副词，是正好的意思，如"凑巧""碰巧"。

本诗题目中的"巧"是"灵巧、能干"意。文中指女子向织女乞求她传授心灵手巧的手艺。

诗海撷英

迢迢牵牛星，皎皎河汉女。　　　　　　　　　　　　——《迢迢牵牛星》

天阶夜色凉如水，坐看牵牛织女星。　　　　　　　——杜牧《秋夕》

香帐簇成排窈窕，金针穿罢拜婵娟。　　　　　　　——罗隐《七夕》

金风玉露一相逢,便胜却人间无数。

——秦观《鹊桥仙·纤云弄巧》

析情赏文

七夕是中国传统节日,民间向来重视这一节日,当日举国欢庆,气氛热烈。林杰的《乞巧》不仅再现了"牛郎织女"这一闻名遐迩的神话传说故事,更描绘出当日的乞巧盛况,表达了百姓们祈求幸福的美好心愿,因此流传至今。

"七夕今宵看碧霄,牵牛织女渡河桥。"开头两句叙述的就是牛郎织女的民间故事。牛郎织女历经磨难,才获得了来之不易的幸福,他们的故事深深打动了每一个中国人,故事寄托着人们对于美好生活的向往,同时也表现出古代人民丰富的想象,这个传说代代相传,历久弥新。所以七夕节到了,家家户户情不自禁抬头仰望浩瀚无际的碧空,希冀能看到牛郎织女一年一度空中相会的盛况。

"家家乞巧望秋月,穿尽红丝几万条。"后两句将乞巧这天,每家每户要赏月,所有的女子要对月穿针这两件事交代得一清二楚,简明扼要,形象生动。我们仿佛看见了一个个心灵手巧的女子把事先准备好的五彩丝线和七根银针拿出来,对月穿针,想着要快些把七根针穿完,这样自己就能成为巧手女。此时此刻,她的心里会祈祷些什么呢? 她们的心愿能不能实现呢? 诗人并没有一一详写,而是点到即止,把它们留待读者去想象。简简单单的两句话,让读者在有限的事物中,想象出当时的七夕盛况。

知人论世

✿ 走近作者

林杰(831—847),字智周,福建人,唐代诗人。

林杰自幼聪慧过人,六岁就能赋诗,下笔即成章,又精书法棋艺。死时年仅十六岁。《全唐诗》存其诗两首,其中《乞巧》是描写民间七夕乞巧盛况的名诗。

✿ 创作背景

越是年纪小的孩子,对神话传说越是充满着好奇和向往。幼年时的林杰,对乞巧这样的美好传说也很感兴趣,他和家人一样,在七夕这一天,仰头观看那天河两旁耀眼的两颗星,期盼着牵牛织女能够相聚,于是写下了《乞巧》这首诗。

知物谈艺

✿ 乞巧节

七夕,农历七月七,是传说中牛郎织女从鹊桥渡天河相会的日子。人们心中的织女是个勤劳善良、心灵手巧的天仙，所以七月七这天晚上，年轻的姑娘和少妇都要出来行拜祭的礼仪，并向织女乞巧，希望自己也能像织女一样有双灵巧的手，有颗聪慧的心，过上幸福美满的生活。

因为七夕节与女事关系密切，所以又叫"女儿节"，是中国传统节日中的妇女节。七夕节有吃巧食的风俗。巧食有瓜果和各式各样的面点，各地风俗不一。

各种巧食做成后，都要陈列到庭院中的几案上，仿佛要请天上的织女来品评。然后大家一面观赏着遥远的夜空，一面吃着各种巧食，认为这样会使人变得灵巧。汉代时，民间便开始向织女乞巧了，不但祈求心灵手巧，还祈求财富、美满甜蜜的婚姻和得子。

❧ 穿红丝

穿红丝即对月穿针（穿针乞巧），也叫赛巧，是乞巧方式中流传最早也最广的一种。

对月穿针这一习俗始于汉代，是指七月初七这天傍晚，年轻妇女和姑娘们先要向织女星虔诚跪拜，乞求织女保佑自己心灵手巧。然后，她们把事先准备好的五彩丝线和七根银针拿出来，对月穿针，谁先把七根针穿完，就预示着将来她能成为巧手女。输的人还要将事先准备好的礼物送给得巧者。

各地乞巧的方式，历朝历代花样不断翻新，不同地方的风俗习惯也各有不同。近代的穿针引线、蒸巧馍馍、烙巧果子、生巧芽以及用面塑、剪纸、彩绣等形式做成的装饰品等，都是乞巧风俗的延伸。

❧ 牵牛织女

牵牛织女指天空中的牵牛星、织女星，后来衍生出牛郎织女的故事——中国古代著名的汉族民间爱情故事，也是我国四大民间传说之一（其余三个为《梁山伯与祝英台》《孟姜女哭长城》《白蛇传》）。详情可见"延展阅读"部分。

古诗中，也有许多以"牛郎织女"为题材的，如《古诗十九首·迢迢牵牛星》、杜牧《秋夕》、秦观《鹊桥仙·纤云弄巧》等。

延展阅读

牛郎织女的故事

传说王母娘娘的孙女织女擅长织布,每天给天空织彩霞。日复一日,织女终于厌倦了这一成不变的生活,她偷偷下凡游玩,和牛郎相遇后相恋,过上男耕女织的幸福生活。此事惹怒了王母,她下令把织女捉回天宫,使她和丈夫、孩子们分离,最终,牛郎织女只能等到每年农历七月七日,才能在鹊桥上相会一次。这一天,无数的喜鹊飞来,用身体搭成一道跨越天河的鹊桥,让牛郎织女在天河上相会。

"迢迢牵牛星,皎皎河汉女。纤纤擢素手,札札弄机杼。终日不成章,泣涕零如雨。河汉清且浅,相去复几许? 盈盈一水间,脉脉不得语。"(《古诗十九首》)每到过节时,古代的女子就会向着天上的织女星、牛郎星许愿,希望自己聪明灵巧,姻缘美好。

中国古代的神童诗人

《乞巧》是林杰幼年时写的,我国古代的神童层出不穷,神童故事也是源源不断。下面我们就来看看几位才华出众的神童诗人。

1. 骆宾王

骆宾王七岁那年,祖父的好友前来家中做客,见到小骆宾王,两位长者不免聊起了自己的子孙,祖父几番吹捧自己的孙子。刚好院外的池中一群白鹅正在欢快地在水中嬉戏,客人对小骆宾王说道:"你能把白鹅戏水做成一首诗吗?"小骆宾王听罢,望了望池中的白鹅,片刻后便脱口而出《咏鹅》。

2. 李贺

李贺在六七岁的时候,就能吟诗作对。当时著名的文学家韩愈十分赞赏他的诗文,便亲自到李家去见李贺,并让他以自己来访为题,即席写一首诗。李贺想了想便挥笔疾书起来,不一会儿,就写成了一篇古体诗《高轩过》。韩愈一看,只见全诗流畅自然,极具文采,写出了韩愈出访的声势,赞扬了韩愈文学上的成就,还道出了诗人的远大志向。

📖 参考文献

[1] 周啸天.唐诗鉴赏辞典[M].北京:商务印书馆,2012.

[2] 周润健,蔡玉高.七夕,向织女乞一双巧手[J].初中生世界,2015(07):10.

[3] 美丽动人的七夕节[J].学苑创造B版,2011(08):13-16.

［4］徐杰舜.汉族风俗史:第一卷［M］.上海:学林出版社,2004.

学子慧言

_____
_____
_____
_____
_____

自 我 检 测

一、知识掌握

1. 林杰是(   )代人。

　　A. 汉　　　　　B. 唐　　　　C. 宋

2. 解释加点字。

　　七夕今宵看碧霄,牵牛织女渡河桥。

　　宵:_____　　　霄:_____

3. 《乞巧》一诗中,叙述牛郎织女的民间故事的是_____;表现人们祈愿的美

　　好情感的是_____。

　　A. 七夕今宵看碧霄,牵牛织女渡河桥

　　B. 家家乞巧望秋月,穿尽红丝几万条

二、语言品味

1. 诗题"乞巧"反映出古代女子怎样的生活态度?

2. "穿尽红丝几万条"中的"几万条"不是实指,只是为了突出红丝数量的多。

　　像这样的例子诗歌中还有很多,请你再举出一例。

3. "家家乞巧望秋月,穿尽红丝几万条"中的"家家"和"尽"在表达上有什么

　　效果?

三、文化理解

1. 民间乞巧的日子是_____。

　　A. 春节　　　　B. 重阳节　　　　C. 七夕

2. 我国四大民间传说为_____。

　　A. 夸父逐日、贾宝玉与林黛玉、孟姜女哭长城、庄生梦蝶

B. 牛郎织女、贾宝玉与林黛玉、孟姜女哭长城、白蛇传

C. 女娲补天、梁山伯与祝英台、孟姜女哭长城、庄生梦蝶

D. 牛郎织女、梁山伯与祝英台、孟姜女哭长城、白蛇传

3.《乞巧》一诗中,涉及哪些七夕传统习俗?(多选)(　　)

A. 赏月　　　　　B. 望月穿线　　　　　C. 登高

四、学习评价

	自我评价	
知识掌握	第一题	☆
	第二题	☆☆
	第三题	☆☆
	教师评价	
语言品味	第一题	☆☆☆
	第二题	☆☆☆
	第三题	☆☆☆
	自我评价	
文化理解	第一题	☆
	第二题	☆
	第三题	☆☆

评价标准:对应"自我检测"的三大类,答对一个空格得一星。

(李谢林)

九月九日①忆山东②兄弟

［唐］王　维

独在异乡为异客③，

每逢佳节④倍思亲。

遥知兄弟登高⑤处，

遍插茱萸⑥少一人。

注释

① 九月九日：即重阳节。古代以九为阳数，"九月九日"又称重阳。

② 山东：华山以东，这里指作者家乡蒲州（今山西永济）。

③ 异乡：他乡，外乡。为异客：在他乡做游子。

④ 佳节：美好的节日。

⑤ 登高：重阳节有登高的风俗。

⑥ 茱萸：一种芳香植物。古时人们认为重阳节插戴茱萸可以避灾克邪。

诗歌大意：

独自远离家乡，在他乡做游子，

> 每到佳节,就会越发思念亲人。
> 想到远在家乡的兄弟们正登高祈福,
> 佩戴茱萸的他们想到少了我而遗憾。

学习目标

1. 借助注释,读懂诗句。

2. 理解一个"独"字与两个"异"字所传递的诗人独自在外、人地两疏的情形下的落寞之情。

3. 领悟诗中前两句写诗人"独在异乡"的感怀与思念,与最后两句写兄弟们"遍插茱萸"的欢聚和遗憾,之间的对比是为了表达自己对故乡的眷恋、对亲情的向往。

4. 通过表演创作,感受胸怀大志的诗人年少早熟,为实现自己的理想忍受离别之苦,在重阳节时把浓浓思乡情融入到诗句中,表达对亲人的思念,对故乡的依恋。

学习过程

一、学习准备

1. 正确朗读,注意停顿。

2. 了解诗句大意。

二、熟读成诵

1. 诵读。

(1)读准字音,在通读的基础上了解字义。

(2)和小伙伴一起读一读,尝试分享对诗句的理解。

2. 背诵。

三、自主学习

1. 以小组为单位,借助资源包中的"学习资料"进行自主学习。

（1）阅读"学习资料"。

（2）以小组为单位,讨论以下两个问题:

① 第一句中两个"异"字在使用上是否重复?

② 作者在表达"每逢佳节倍思亲"之后又是如何进一步表现自己的思乡之情的?

2. 完成自测。

四、情境表演

1. 用自己的话说一说古诗描绘了怎样的画面。

2. 思考:每一句诗描绘了怎样的场景? 故事可以分为几幕? 和小伙伴交流一下。

3. 讨论:每一幕中有哪些人物? 他们会有哪些动作、台词,或是内心独白?

4. 试着把讨论的内容写成剧本。

5. 小组合作,分角色演一演。

6. 评一评。

		评价标准	自我评价	小组评价	教师评价
情境表演	情景构建	☆能正确呈现时代背景	☆☆☆	☆☆☆	☆☆☆
		☆☆能正确呈现时代背景和人物经历			
		☆☆☆在能正确呈现时代背景和人物经历基础上,有特定的场景布置			
	人物演绎	☆对人物有较准确的认识	☆☆☆	☆☆☆	☆☆☆
		☆☆能通过合理的语言、动作、神态来表现人物特点			
		☆☆☆能入情入境地通过语言、动作、神态等表现人物特点			
	情感表达	☆能正确表现人物情感	☆☆☆	☆☆☆	☆☆☆
		☆☆能比较自然地表现人物情感			
		☆☆☆能细腻、传神地表现人物情感			

附学习资料

师者感言

重阳节自古以来就是中国人祈求长寿的节日。每逢此时，呼朋引伴，登高望远，赏花饮酒，吟诗作赋。

诗人王维的笔下，"遥知兄弟登高处，遍插茱萸少一人"的场景，让我们看到了一群重阳登高的少年郎在说笑打闹间，把辟邪的茱萸插到同伴的身上、头上。而当他们忽然想起，少了王维一人时，却又都因为思念身在远方的友人而沉默了。这些场景虽然都是王维想象出来的，却又是那么实在地让人感受到兄弟们真的是在叹息、伤感。这一句，也就定格成对亲人无尽思念的浓浓愁绪，成为中国人节日思念的最佳表达。

说文解字

 **字形演变**

小篆　　　隶书　　　楷书

意义表达

《说文解字》：词也。从口从矢。即"知"是表达意思的措词。字形采用"口、矢"会义，出于口者疾如矢也。

《象形字典》："知"是"智"的本字。矢，既是声旁也是形旁，表示箭，借代行猎、作战。在远古时代，弯弓使箭是成年人的基本技能和重要经验。造字本义：动词，谈论和传授行猎、作战的经验。当"知"的形容词含义"聪明、有战略"消失后，金文便另造"智"代替，强调谈论和传授经验。

诗海撷英

君自故乡来，应知故乡事。

——王维《杂诗三首·其二》

来日绮窗前,寒梅著花未。　　　　　　——王维《杂诗三首·其二》

露从今夜白,月是故乡明。　　　　　　——杜甫《月夜忆舍弟》

今春看又过,何日是归年。　　　　　　——杜甫《绝句二首(其二)》

春风又绿江南岸,明月何时照我还。　　——王安石《泊船瓜洲》

析情赏文

重阳节时登高宴饮、佩茱萸、赏菊花,这三件事都非常风雅,容易引发诗兴,所以历来吟咏重阳节的名篇也很多,但是要论流传程度,却都不及王维十七岁时写的这首《九月九日忆山东兄弟》。这首诗为什么如此深入人心呢?

首先,这首诗有着浓厚的手足之情,最易激起家人心中的波澜,因此具有最广泛的读者基础。在古代,幼小时靠父母养育,长大后就要靠弟兄之间的相互支持了。例如苏轼和苏辙,就是这方面的典型。所以,当王维在重阳节独自登高的时候,他首先想到了山东兄弟,这既有孤独的伤感,也有美好的回忆。需要注意的是,诗中的"山东"并非指当今的山东省,而是指华山以东,包括当今的山东、山西、河南、河北。王维是山西永济人,在当时的概念就已经算是"山东"了。

其次,这首诗首句就直抒胸臆,感情也特别浓烈。一个"独"字,两个"异"字,看起来略显重复,但其实是通过反复咏叹这一个"异"字,强调着自己作为一个身处异乡的游子,与周围是如此格格不入,这让人感到不踏实,内心倍感孤独。此时,王维多希望身边有人能分担寂寞忧愁,可他偏偏是"独在异乡为异客",是陌生的环境中形单影只的少年。

王维写这首诗的时候也只有 17 岁,他从蒲州到长安,差不多也就相当于今天各地优秀的学子背井离乡到北京这样的大城市里求学,虽然内心对未来充满期盼,可是真到了独处的那一刻,还是会觉得孤单无助,这就是"独在异乡为异客",真切地、毫不掩饰地道出了少年的乡愁。

再次,这首诗技巧很高。这首诗本来是表现自己思念兄弟,却倒过来写,偏说兄弟思念自己。啊!年年今日,我们弟兄都要登高饮酒,遍插茱萸以避邪,可是今年,我不在家乡了,不知你们此时此刻多么想念我!把两层意思合在一起写,不但具有言简意丰的简约美,更主要的是刹那间沟通弟兄之情,令人有触电之感。倒过来写家人思念自己是王维的首创。

最后,这首诗措辞浅显易懂,没有任何文字障碍,这就为它的广为传唱提供了良好的言语基础。诗是深奥的好,还是浅显的好?当然是浅显的好。唐诗几乎不用加注,宋诗就要加注了,清诗则必须详注,可是它们的价值,却是倒过来数的。这首诗在浅显的唐诗中，又算是最浅显的了，简直就是当时的口语，人人都可亲近，以朴素之美，冲破士大夫的界限，受到全社会、全民族的热爱。

知人论世

✎ 作者生平

王维(701—761)，字摩诘，号摩诘居士。河东蒲州(今山西永济)人，祖籍山西祁县。盛唐时期著名诗人、画家，官至尚书右丞。

王维信仰佛教，尤其擅长创作山水田园诗，在描绘自然景物的同时，流露出禅意人生之情趣，有"诗佛"之称。王维与孟浩然合称"王孟"，是山水田园诗派的主要代表人物，对后世产生了极为深远的影响。

北宋苏轼评云："味摩诘之诗，诗中有画；观摩诘之画，画中有诗。"

✎ 逸闻轶事

一举登第

开元九年(721年)，王维从蒲州到长安应试，踌躇满志，立志要摘取桂冠。忽然听说诗人张九皋(gāo)通过太平公主(天子姑母)的途径，已得到取殿试第一的许诺。王维一筹莫展，只得与好友岐王李范(玄宗弟，太平公主侄子)斟酌，李范给他出了一个主意，要王维准备好两件事：一是录其清新隽永的诗作十首；二是自谱琵琶曲一首习熟。五天后为其引见公主。

待到引见之日，岐王把王维打扮得超凡脱俗，先让其在显著的位置与众乐伎翩翩起舞。王维卓尔不凡的气质引起了公主的注意，公主向岐王探询其人。李范意味深长地说："此人知音也！"接着，他让王维奏琵琶，王维弹的就是自己的新作《郁轮袍》，高超卓绝的精湛技艺令听者无不动容。一曲终了，太平公主动容，高呼，真乃知音也。

岐王进一步介绍："这位先生，不仅精通音律，擅奏琵琶，而且就文章而言，恐当世也无人能及。"王维立即献上诗卷。公主阅罢，又是一阵惊奇。因为这些诗篇都是太平公主平常吟咏的，也是最喜欢的。由于王维声名不显，她原以为这些诗篇都是古人的佳作，今日才知，全部出自王维笔下。

岐王见此情景，知道时机成熟，便道："姑母，近日京兆试即将举行，如果能够将先生点为头名，必将成为大唐官场和文坛一大佳话。但是，侄儿听说，张九皋已经托人给京兆尹，要点张九皋为头名。"

公主听罢，笑道："张九皋确实托人找过我。但今天见了先生大才，如果将头名给了别人，定会背负骂名。先生，你尽管参加京兆试，凭借自己的真凭实学，去跟张九皋一较高下吧。"

王维大喜，心下放宽。殿试之上，王维终于"大魁天下"，从此踏上仕途，名扬四海。

🍂 创作背景

王维少年时与胞弟王缙(jìn)离开家乡蒲州，到西京长安和东都洛阳客游。在诗歌创作方面的久负盛名，使他成为王公、驸马、达官贵人的座上清客。这使他有大量机会接触上层社会的生活，对世态炎凉和统治阶级的贪腐生活有了深刻认识，并且产生了深深的厌烦。久而久之，思乡怀亲之感不断袭扰他。特别是在他十七岁那年的"九九"重阳佳节之日，达官贵人们都以家宴自娱，胞弟王缙也回蒲州去了，一种难以排遣的孤独感和思乡之情突然在举目无亲的诗人心中爆发，《九月九日忆山东兄弟》这首流传千古的佳作因此诞生。

知物谈艺

🍂 重阳节

每年农历九月初九的重阳节是中国民间传统节日。"九"在《易经》中为阳数，"九九"两阳数相重，故曰"重阳"；因日与月皆逢九，故又称为"重九"。古人认为九九重阳是吉祥的日子。

重阳节在今天不算大节，但是在战国及秦汉时期，清明节和中秋节还没有形成，"九月九重阳"和"三月三上巳"相对，一春一秋，都很有影响。延续到隋唐，重阳仍然是一个重要的节日。"九月九"和"三月三"，都有祈求消灾避难的意思。

当然，消灾避难只是节日的一个内容，这两个节日也都有着顺应天时的快乐。三月三正是莺飞草长的仲春，人们蛰伏了一冬，此时都要走出家门，赏花问柳，这叫"踏青"；而九月九则是草木摇落的秋天，再往后就是寒冬了，又该蛰伏起来，所以人们也会走出家门，看看那些耐寒的秋草秋花，这叫"辞青"。由此，又引发出一个意象，大自然的深秋不正意味着人生的晚境吗？所以重阳节又称老人节，有祈求长寿的传统，后来，逐渐形成了重阳节的三大活动：登高宴饮、佩茱萸、赏菊花。

🍂 茱萸

茱萸历代都被作为祭祀、佩饰、药用、辟邪之物。早在周代，茱萸被视为非凡之物，是祭祀不可或缺的八种美果之一；在汉代，人们逐渐认识到茱萸的多种药物用途，开始重视培育、栽植茱萸；传说中战国时期的楚国王妃，就佩戴着茱萸做的饰物。因此,人们对它格外钟爱,以致形成了饶有风味的茱萸风俗,即于重阳之日,登高畅游,携茱萸女(重阳节登高宴饮时佐酒的女侍),插茱萸枝,佩茱萸囊,饮茱萸酒,吟茱萸诗,极尽欢娱之乐。久而久之,相沿成习。故古人又把九月九日重阳节称为登高节、茱萸节、茱萸会。

历代文人笔下,以茱萸寄言亲友欢娱之情的诗赋很多,写到茱萸的诗词主要有四种内容:一是佩带茱萸囊于臂肘;二是插茱萸于发冠;三是饮茱萸酒;四是以茱萸节、茱萸会代替称重阳节。

❦ 登高

登高意象在古诗中是以登山、登楼、登台、登塔几种形式体现的。

登山是古代人民,尤其是文人志士的常见活动。登高俯瞰时,人们面对辽阔幽静的自然,会滋生出一种对美好、宁静的山水田园生活的向往之志。因此,这个意象最常见的一种阐释意义就是象征着诗人仰慕志行高洁、性情恬淡的隐士的心理。

与有闲适之志的诗人相反,深受儒家传统影响的诗人在登高临远时则会萌发"会当凌绝顶,一览众山小"的豪情壮志。

在远别家乡的游子诗中,登高意象则更适合表现思念之情,从而使诗中登高意象带上了淡淡的乡愁。

而当诗人年华渐去,人生过半,登高临远,面对眼前悠然千古的白云、茂密常青的青林、长流东逝的江水时,极容易滋生一种事业无所建树、落叶将欲归根、在精神意义上找不到自己最终归宿的感慨。这种意蕴包含了诗人政治不得意的失落悲叹,包含了人到生命中途无法回归青春也无法预料身后归宿的漂泊凄惶之感。

延展阅读

王维作画戏权贵

王维非常喜欢作诗画画,他在这方面也很有成就,但是王维生性刚正,不肯依附权贵,更不肯把画作为礼物送给他们。因此,他做官不久,就得罪了宰相李林甫,被贬职后离开京城长安,到终南山过起了隐居生活。

王维隐居以后,终日饮酒赋诗,种花绘画,日子过得倒也逍遥自在。他的酒量越来越大,往往喝得酩酊大醉才开始作画,久而久之,竟形成了习惯,无酒不作画。

当地的太守是个不学无术的人。他听说王维隐居在山中,也想让王维画幅画,挂在客厅,卖弄一下风雅。他派师爷几次去请王维。王维讨厌这种人,每次都闭门不见。后来师爷听说王维有酒后作画的习惯,便给太守出了个主意,太守听后不住地点头。

过了几日,山下的张员外派人给王维送来一张大红请帖,请他前去赴宴。自从王维来到终南山,常常和张员外在一起谈古论今,二人也算有几分交情,所以他接到请帖,就下山了。王维来到张员外家门口,见张员外陪着太守和师爷一起出来迎接他,不由得一愣,有点不痛快,但既然来了,也只好将就着喝起酒来。

王维有几分醉意,脑海里便闪出一幅幅画图,他急得直搓双手。张员外知道他这个习惯,便把他让到客室里"休息"。王维见案上镇纸下压着宣纸,案头放着磨好的几大碗墨汁,便兴冲冲地抓过大笔就要画。常言说,人醉心不醉,酒迷人不迷。正当他要挥笔作画时,猛然想到太守求他作画的事,心想,莫非今天是骗我给太守画画吗? 想到这里,他又放下了笔,在屋里踱起步来。他见室内白墙如粉,洁净照人,决定把画画在墙上,这样谁也拿不走了。可是在墙上作画,笔又显得太小,他便从脚上脱下一只布鞋,蘸饱了墨,在墙上抹了起来。他画完后,也没向张员外告别,就匆匆忙忙走了。

太守和师爷进屋一看,只见墙上横一道、竖一道,也不知都画些什么。太守气得连话也说不出来了。张员外说:"大人不要生气,请将蜡烛熄灭,看看究竟怎样。"蜡烛熄灭后,室内一片朦胧,墙上一弯新月,发出柔和的光,画面看上去好像是一条小溪,小溪边有一架葡萄,那葡萄枝条左缠右绕,杂而不乱,那一串串水灵灵的大葡萄,馋得人直想流口水。真是一幅好画啊! 太守和师爷十分高兴,心想一桌宴席就换来一幅名画,实在太便宜了。

原来,他们以为王维是把宣纸挂在墙上画的。当他们用手去揭时,才知道这画是直接画在粉墙上。太守和师爷一下子气得满脸通红,气愤地离开了张员外家。

王维的知音

开元十九年(731 年),王维状元及第,成为唐朝诗人里最年轻的状元。王维在当时京城的东南蓝田山麓修建了辋川别墅,以修养身心。该别墅原为初唐诗人宋之问所有,那是一座很宽阔的去处,有山有湖,有树林也有溪谷,其间散布着若干馆舍。王维与他的知心好友过着悠闲自在、半官半隐的生活。这些好友之中，有一位叫裴迪①的田园诗人，王维称其为"裴秀才"。裴迪与王维同隐居辋川十多年，整日泛舟唱和。在王维的存诗中，有许多首诗是送给裴迪的，无论闲居闲逛，还是喝酒看戏，王维都写入诗中，当然还有曾救下自己性命的那一首。

天宝末年安史之乱，安禄山攻进长安，唐玄宗仓皇出逃，王维没有跟上，结果被叛军抓获。这安禄山也知道王维名气大，抓住王维想让他当官，而王维不答应，被关在洛阳菩提寺。

一天，安禄山在凝碧池上设宴，胁迫梨园乐工演奏音乐，乐工相对泪下。其中一位著名乐工雷海青摔碎乐器拒绝为安禄山表演，结果被叛军当众肢解于试马殿。王维得知此事悲愤交加，偷偷写下一诗：万户伤心生野烟，百僚何日更朝天。秋槐叶落空宫里，凝碧池头奏管弦。王维在好友裴迪冒险前来探望时，便把此诗吟给好友听。此诗还有一个很长的名字——菩提寺禁裴迪来相看说逆贼等凝碧池上作音乐供奉人等举声便一时泪下私成口号诵示裴迪。

安禄山当然也不会轻易放过王维，他让王维当官，王维不肯还吞药诈称有病，但最后还是被迫做了伪官。就因为这被迫而当的"伪官"，差点让王维丢了性命。在乱军被平定后，曾在安禄山手下当过伪官的人都要治罪，王维又被皇帝唐肃宗关进了大牢，王维的弟弟当时做刑部侍郎，正三品，他提出把自己官职削了，为王维赎罪。他还将这首《凝碧池》呈给唐肃宗。唐肃宗看到"万户伤心生野烟，百僚何日再朝天"这一句很受感动，认为王维也是迫不得已，内心还是忠于朝廷的，便宽宥了王维，降为太子中允。唐肃宗乾元年间任尚书右丞，故世称"王右丞"。

这首诗因裴迪冒死去看王维而传出来，要不是因为这首诗，真不知王维会被定个什么罪名，"诗佛"的命运又会转向何方。

虽然裴迪作诗的水平和名气远不如王维，但这并没有妨碍两个人交往，也没有阻止两个人成为知己。从这些诗中，我们也不难看出，裴迪算得上王维的生死之交，也不愧"诗佛"为其写下那么多篇作品。

学子慧言

_____

_____

_____

---

① 　裴迪(生卒年不详)，字、号均不详，唐代诗人，一生以诗文见称，是盛唐著名的山水田园诗人之一。

_____

_____

_____

📖 **参考文献**

［1］周啸天.唐诗鉴赏辞典[M].北京:商务印书馆,2012.

［2］刘红霞.唐诗三百首中登高意象的分类及意蕴阐释[J].南京大学学报,2001(2):12 - 16.

［3］钱镇广.王维作画戏权贵[J].影响孩子一生的经典阅读(小学版),2015:10 - 11.

自我检测

一、知识掌握

1. 王维字_____,号_____,河东蒲州(今山西永济)人。王维不仅精通诗、书、画、音乐等,还参禅悟理,有"_____"之称。王维擅画,称自己为"当世谬词客,前身应画师"。北宋苏轼评云:"味摩诘之诗,_____;观摩诘之画,_____。"

2. 解释加点字。

独在异乡为异客,每逢佳节倍思亲。

异乡:_____　　佳节:_____

3.《九月九日忆山东兄弟》一诗中,"九月九日"指的是我国传统节日中的_____,"遍插茱萸少一人"的意思是_____,表达了作者_____的情感。

二、语言品味

1. "独在异乡为异客"中一个"独"字与两个"异"字在表达上是否有重复? 为什么?

2. 王维在"每逢佳节倍思亲"后为什么不直接写自己的思乡之情,而是一跃而写远在家乡的兄弟?

3. 为什么"每逢佳节倍思亲"能成为中国人节日思念的最佳表达?

三、文化理解

1. 重阳节又被称为什么节?(　　　)

    A. 重九节

    B. 乞巧节

    C. 祭月节

2. 重阳节插茱萸的寓意是（　　　）。

    A. 思念友人

    B. 消灾辟邪

    C. 祈福长寿

3. 重阳节的三大活动是：_____、_____、_____。

四、学习评价

	自我评价	
知识掌握	第一题	☆☆☆☆☆
	第二题	☆☆
	第三题	☆☆☆
语言品味	教师评价	
	第一题	☆☆☆
	第二题	☆☆☆
	第三题	☆☆☆
文化理解	自我评价	
	第一题	☆
	第二题	☆
	第三题	☆☆☆

评价标准：对应"自我检测"的三大类，答对一个空格得一星。

（柳颖华）

第四篇　友情绵长

　　两千多年前,孔子便以"有朋自远方来,不亦乐乎?"表明了友谊的可贵。伯牙子期,高山流水;管仲叔牙,同甘共苦;刘备关张,生死相随……经过岁月的沉淀,"情义"二字已融入每个中国人的骨血之中,化为精神基因,世代相传。让我们在"友谊绵长"中感受最关切的牵挂和最诚挚的祈愿。

赠刘景文

[宋]苏　轼

荷尽①已无擎②雨盖③，

菊残④犹⑤有傲霜⑥枝。

一年好景君⑦须记，

最是橙黄橘绿时⑧。

注释

① 荷尽：荷花枯萎，残败凋谢。

② 擎：举，向上托。

③ 雨盖：旧称雨伞，诗中比喻荷叶舒展的样子。

④ 菊残：菊花凋谢。

⑤ 犹：仍然。

⑥ 傲霜：不怕霜冻寒冷，坚强不屈。

⑦ 君：原指古代君王，后泛指对男子的敬称，您。

⑧ 橙黄橘绿时：指橙子发黄、橘子将黄犹绿的时候，指农历秋末冬初。

诗歌大意：

荷花已经凋谢，连那雨伞般的荷叶与根茎也枯萎了，

菊花也已开败，那傲霜的菊枝还在寒风中坚强挺拔。

你一定要记住，一年之中最好的景致，

就是那橙子金黄、橘子青绿的秋末冬初的时节啊！

 学习目标

1. 根据本诗的内容及情感，用自己的语言描绘出诗人笔下的画面，并展开相关想象和联想。

2. 理解"擎"在本诗中的意思，了解荷花枯败的茎叶再也不能举起绿伞，遮挡风雨的情形；能理解"傲"在本诗中的意思，感受秋菊不怕霜冻寒冷，坚强不屈的品格。

3. 领悟诗中"橙黄橘绿"的喻义：既是指深秋初冬这一大自然丰收的季节，也是指人到中年这一人生的成熟阶段。

4. 通过绘画创作，在感受秋天"荷尽菊残"与"橙黄橘绿"之景色对比的过程中，学会用积极的目光去发现美、感受美的生活精神。

学习过程

一、学习准备

1. 正确朗读古诗。

2. 借助注释，想一想诗句意思。

二、熟读成诵

1. 诵读。

（1）读准字音，读好停顿。

（2）多种形式读，尝试和小伙伴分享对诗句的理解。

2. 背诵。

三、自主学习

1. 以小组为单位,借助资源包中的"学习资料"进行自主学习。

（1）阅读"学习资料"。

（2）想一想:

① "橙黄橘绿"对应的是人生的哪一个阶段? 说说理由。

② 苏轼为什么要用"橙黄橘绿"来勉励老友呢?

（3）小组内分享交流。

2. 完成自测。

四、绘画创作

1. 想一想:作者在诗中描绘了哪些景物?

2. 如果要将这首诗画成一幅画,你将如何同时呈现秋天的"荷尽菊残"与"橙黄橘绿"?

3. 绘画创作。

4. 评一评。

		评价标准	自我评价	小组评价	教师评价
绘画创作	色调恰当	☆色调比较单一	☆☆☆	☆☆☆	☆☆☆
		☆☆能根据不同景物选择恰当色调			
		☆☆☆能运用不同色调呈现"荷尽菊残"与"橙黄橘绿"的对比			
	构图合理	☆包含诗中所提到的景物	☆☆☆	☆☆☆	☆☆☆
		☆☆包含诗中所提到的景物且比例协调,整体画面居中			
		☆☆☆包含诗中所提到的景物,比例协调,整体画面居中,对比突显"橙黄橘绿"之景			
	季节特征明显	☆能体现季节特征	☆☆☆	☆☆☆	☆☆☆
		☆☆季节特征比较鲜明,所绘景物与诗句内容相符			
		☆☆☆季节特征鲜明,体现秋末冬初是大自然成熟的季节			

附学习资料

师者感言

　　《赠刘景文》是北宋文学家苏轼送给好友刘景文的一首勉励诗。在诗的前半首，我们看到了秋末冬初之时，荷花、荷叶已经枯萎凋落，菊花已经开败，只剩下菊枝仍保持着傲寒斗霜的气节。然而，此时也是大自然的丰收之季，后半首诗展现在我们眼前的景象是橘林一片绿意，枝头挂满了果实。

　　苏轼将对刘景文品格和节操的称颂不着痕迹地糅合在了景物的描写中。因为在他看来，一年中最美好的风光，莫过于橙黄橘绿的初冬景色。而橘树和松柏一样，代表了人的高尚品格和坚贞节操。

　　苏轼用此诗劝勉当时已 58 岁，仍不得重用的刘景文。而如今的我们，读着这首诗，也能从中汲取前行的精神动力。

说文解字

🐾 **字形演变**

| 小篆 | 楷书（繁体） | 楷书 |

🐾 **意义表达**

　　"赠"是形声字。小篆从贝，曾声。隶变后楷书写作"赠"。汉字简化后写作"赠"。

　　《说文·贝部》："赠，玩好相送也。从贝，曾声。"意思是赏用玩好之物相送。从贝，曾声。

　　如《诗经·郑风·女曰鸡鸣》："知子之来之，杂佩以赠之。"泛指赠送。如白居易《琵琶行(并序)》："因为长句，歌以赠之，凡六百一十六言。"

　　又引申指朝廷赐给死者官爵或荣誉称号。如《明史·海瑞传》："赠太子太保，谥忠介。"

诗海撷英

莫愁前路无知己，天下谁人不识君？　　　　　　——高适《别董大》

老骥伏枥，志在千里，烈士暮年，壮心不已。　——曹操《龟虽寿》

长风破浪会有时，直挂云帆济沧海。　　　　　　——李白《行路难》

古之立大事者，不惟有超世之才，亦必有坚忍不拔之志。

——苏轼《晁错论》

千磨万击还坚劲，任尔东西南北风。　　　　　　——郑燮《竹石》

析情赏文

苏轼的这首诗作于元祐五年（1090年），是他送给好朋友刘景文的一首勉励诗。那么苏轼为什么要用"橙黄橘绿"来为老友励志呢？

这正是此诗的巧妙之处。苏轼以夏、秋最具代表性的荷与菊的衰残，来衬托橙树与橘树的独有风骨，突出"橙黄橘绿"反而是一年中最好的景致。

"荷尽已无擎雨盖，菊残犹有傲霜枝"。苏轼在诗中写道，那曾经碧叶接天、红花映日的荷花凋谢了，连那曾经擎雨的荷叶也枯萎了，而那开败的残菊，虽然还有余香，却已经是枝无全叶，只有那挺拔的枝干还在傲寒斗霜。

随后，诗人笔锋忽然一转，引出了"一年好景君须记，正是橙黄橘绿时"的千古绝妙好句。在这里，"橙"与"橘"并提，实则是偏重于"橘"的。在中国传统文化中，从屈原的《橘颂》到张九龄的《感遇》，橘树一直是诗人歌颂的"嘉树"。橘的果实是可以进献给嘉宾贵客的，而且橘树经冬不凋，四季常绿，如此品性超越了荷与菊，甚至可与松柏相媲美。因此，苏轼通过"橙黄橘绿"的描写告诉朋友，也告诉我们，生机盎然的秋末冬初，正是一年中最美好的风光。

通过对"橙"与"菊"的颂扬来勉励朋友，不要意志消沉，应该乐观向上地看向未来。读着这首诗，我们仿佛能看见诗人举杯祝酒："我的朋友，你已褪去年轻人的青涩浮躁，岁月磨砺了你如菊般坚强的性格，磨难馈赠给你的是如橘般美好的内质。如今，你有满腹的才学，傲人的本领，事业的田野正是一片丰收景象啊！"

深秋初冬正是大自然的成熟季，而人过中年则是人生的成熟季。苏轼写此诗时55岁，已步入老年了。苏氏父子名震京师时，苏轼还是一个二十出头、踌躇满志的小青年。三十多年里，苏轼始终处在改革变法、新旧党争的风口浪尖上,屡受诽谤打击,甚至差点被迫害至死,但他从来没有被逆境吓倒。因此,这首诗既是苏轼对友人的激励、劝勉,又是诗人的自我勉励。事实上,政治上大起大落、屡遭不幸的苏轼真正做到了老有所为,"橙黄橘绿",使后人亦能分享其甘美的艺术果实。

知人论世

❧ 作者生平

苏轼(1037—1101),字子瞻,号东坡居士,四川眉州人。北宋著名文学家、书法家、画家。"唐宋八大家"之一,"书法宋四家"之首,宋词豪放派的开创者。宋高宗时追赠太师,谥"文忠"。代表作有词作《念奴娇·赤壁怀古》,诗歌《六月二十七日望湖楼醉书》,散文《前赤壁赋》与《后赤壁赋》等。

苏轼在文、诗、词三方面都具有极高的造诣,堪称宋代文学最高成就的代表。苏轼是宋代文化精神的代表:首先,苏轼的人生态度成为后代文人景仰的范式:进退自如,宠辱不惊。其次,苏轼的审美态度为后人提供了富有启迪意义的审美范式,他以宽广的审美眼光去拥抱大千世界,所以凡物皆有可观,到处都能发现美的存在。因此,苏轼受到后代文人的普遍喜爱。

❧ 逸闻轶事

"八风吹不动"

苏轼的很多朋友都是和尚、道士,和他们的交往不仅丰富了苏轼的生活,也提升了苏轼的精神境界。

因"乌台诗案"被贬黄州时,苏轼常与金山寺主持佛印禅师来往,谈禅礼佛,彼此唱和。有一次,苏东坡在衙门打坐,写了一首偈诗,描写他自己修行的境界:"稽首天中天,毫光照大千。八风吹不动,端坐紫金莲。""八风吹不动"的"八风"是佛教用语,指八种境界的风:称、讥、毁、誉、利、衰、苦、乐。苏轼这首偈诗的意思是说他自己贪念、嗔念、痴念都不起了,八风吹不动了。

他命书童送给佛印看,以为佛印会赞叹他修行境界好。哪知道佛印在上面写了四个字,"放屁、放屁。"

苏轼很生气,马上坐船过江去找佛印评理。刚到就见到佛印站在山门口,对他哈哈大笑说:"苏大学士,你的修行真是好,一说放屁你就走过江来了,怒气冲冲地过来找我评理,你这还叫八风吹不动吗?"

苏轼到此才恍然大悟,惭愧不已。

❧ 创作背景

苏轼写作这首诗时正在杭州任职,任两浙兵马都监的刘景文也在。两人过从甚密,交情很深。诗人一方面视刘景文为国士,并有《乞擢用刘季孙状》予以举荐;另一方面赠此诗以勉励之。

诗虽为赠刘景文而作,所咏却是深秋景物,了无一字涉及刘氏本人的道德文章。这看似不是题中应有之义,但实际上,作者的高明之处正在于将对刘氏品格和节操的称颂,不着痕迹地糅合在对初冬景物的描写中。

知物谈艺

❧ 荷

"芙蓉"又称为"荷""莲"。"芙蓉"给人的印象往往是娉娉婷婷,十分高洁,容易让人想起"出水芙蓉""芙蓉仙子"般的绝代佳人。而其作为意象被运用于诗歌中时,大体可以分为三类:取"荷"美好的形象,营造一种雅致的景象,或宁静或欢愉;取败荷的形象,或对逝去光阴叹惋,或对生活环境破败惋惜,与作者心境结合,更显凄美;取"莲出淤泥而不染"的品质,托物言志,表达自己不愿同流合污的高尚情怀。

❧ 菊

菊花,有人称赞它坚强的品格,有人欣赏它清高的气质。

自屈原在《离骚》中用菊花来象征自己品行的高尚和纯洁之后,陶渊明亦用菊花的清雅倔强来比喻自己的君子之节。由此,菊花就被赋予了最基本的内涵——志向高洁、节操坚定。苏轼的一句"菊残犹有傲霜枝",赞菊花品格的同时,隐喻自己的情操。

同时,菊花因其坚韧不拔、孤傲冰清的气节,向来备受隐逸之士的喜欢。不愿为五斗米折腰的陶渊明辞官后隐居于田园,悠然自在的生活给了他无限的愉悦,于是他写下了"采菊东篱下,悠然见南山"(《饮酒》)这一千百年以来脍炙人口的名句。

❧ 橘

橘被赋予具体的人格,是自屈原而起。屈原在《橘颂》中颂橘,这是因为橘具有内外统一的自然美,可以隐喻屈原内外兼修的人格美;同时,橘树有着非常珍贵的内涵,比如它天生不可移植,只肯生长在南国,这代表了坚贞和忠诚,正可以表达屈原为坚持"美政"理想、忠君报国而矢志不移的坚强意志。

"东坡"的来历

苏轼，号"东坡居士"，世称苏东坡。那么"东坡"一名是怎么来的呢？

宋徽宗年间，因苏轼反对王安石的新法，作了讽刺变法弊端的诗作，被监察御史告发，后在御史台狱受审，于是就有了喧嚣一时的"乌台诗案"。结果，苏轼以"诽谤朝廷"之罪被判入狱，释放后被贬到湖北黄州任团练副使。（注：宋代至民国初年，于正规军之外就地选取丁壮，加以训练的地主武装组织，称团练。）

苏轼初到黄州，人生地不熟，加之罪官身份，俸禄减了一半，而家里供养的人口又多，生活十分窘迫。为了维持生计，他不得不把每月的四千五百钱，分为三十份，每份用麻绳穿起来挂在梁上，每天早上取一串钱下来，交给妻子安排一日三餐。如果当天有些节余，苏轼就非常高兴地把这些小钱装在一只罐子里，以备有客人来访时买酒喝。

后来，苏轼的老朋友马正卿专程从扬州来看望苏轼，目睹"先生穷到骨"的生活，不禁心酸难过，便找到昔日的同窗，黄州太守徐君猷（yóu），求他将临臬（niè）亭下过去驻兵的数十亩荒地拨给苏轼开垦耕种，以解决吃饭问题。徐太守欣然应允。

苏轼大喜过望，带领全家在山上开垦荒地，种花种菜，在劳作中消遣心情，锻炼体魄。这片荒地不但缓解了苏轼生活的窘状，更因其在黄州城东，是一块坡地，与唐代大诗人白居易当年植树种花的忠州"东坡"相似。白居易是苏轼敬慕的人，于是他效法白居易，将其地称为"东坡"，自号"东坡居士"。他还在东坡上筑室，取名为"雪堂"，并亲自写了"东坡雪堂"的匾额。

在苏轼看来，这是他人生的理想驿站，于是后来就自号"东坡居士"，人们也就称他苏东坡。

"敲门都不应，倚杖听江声"

刘景文原名刘季孙，字景文，是北宋大将刘平之后。他是一个美髯公，长着一副漂亮的长胡子，这点和苏轼很像。刘景文喜欢藏书，所得俸禄基本上都用来买书，简直是个书痴，这点又与苏轼趣味相投。最难得的是，刘景文是将门虎子，为人粗犷豪放，诗文气度开阔，甚合苏轼，苏轼称他为"慷慨奇士"。

公元1089年，苏轼以龙图阁学士的身份，来到阔别了十六年的杭州当太守。这一年，他在杭州疏浚西湖，并用挖出的泥修建了著名的"苏堤"。在这项浩大的工程中,苏轼得到了时任两浙兵马都监刘景文的大力支持。从此,二人相知相交,成为好友。

刘景文才华出众,深有抱负,可惜因为父亲刘平在对西夏战争中曾经被俘,所以一直未被重用。苏轼多次赞许刘景文为"无双国士",对他很是尊敬,并且曾向朝廷大力保举。两人过从甚密,交情很深。有一次,苏轼病了,躺在床上休息。忽然,家人来报,刘景文到访,苏轼立刻从床上一跃而起,病态全无。后来还专门写了一首诗,题目就叫《喜刘景文至》。

公元1090年,苏轼任杭州知州的第二年,初冬时节,荷花、荷叶已经枯萎凋落,早已失去"何处烟霞云共雨,梦里相蓬花不语"的诗情画意。菊花已经开过,只剩下傲霜而立的菊枝。橘果采收完毕,橙林绿意一片,黄澄澄的橙子还挂在枝头。苏轼想起刘景文已58岁,仍不得重用,而自己也经过数次起落,即将步入人生的深秋,感慨良多,便写下了《赠刘景文》一诗,希望彼此都能够珍惜大好时光,乐观向上,不懈努力,即便是在境地凄凉时,在被贬不得志时,也不能意志消沉,妄自菲薄。

元祐五年(1090年)十一月,苏轼向朝廷上奏《乞擢用刘季孙状》,举荐刘景文担任更为重要的职位。由此,刘景文出任隰(xí)州太守(今山西临汾),但不久后即去世,年60岁。苏轼又作《乞赙赠刘季孙状》,赞扬并追忆这位好友。他从刘景文的父亲写起,父亲英烈宁死不屈,景文工诗能文,家庭却十分困难,建议皇上赐予钱物,拨出兵丁,让刘景文的灵柩能够回到京师进行安葬。这一切,足见苏轼对刘景文的深情厚谊。

苏轼作此诗时已经五十五岁,此后不久他被流放到海南。正是这首诗中呈现的旷达乐观、积极进取的精神,才使得他能够不因年老而颓唐消沉,随遇而安地应对打击和磨难,正如他在《临江仙》中所写,即便是"敲门都不应",也可以"倚杖听江声!"

学子慧言

📖 参考文献

[1] 霍松林,等.宋诗鉴赏辞典[M].上海:上海辞书出版社,1987.

[2] 孙凡礼,刘尚荣.苏轼诗词选[M].北京:中华书局,2005.

[3] 张鸣.宋诗选[M].北京:人民文学出版社,2004.

[4] 陶文鹏.唐宋名篇·宋诗卷[M].济南:山东教育出版社,2002.

[5] 大帅.古代诗歌中的荷花意象[J].作文通讯(个性阅读版),2009.

[6] 姚红霞.绽放在古诗词里的"黄花"——浅谈古诗词里菊花的意象[J].中学教学参考,2011.

自 我 检 测

一、知识掌握

1. 苏轼字_____,号_____,四川眉州人。_____著名文学家、书法家、画家。"唐宋八大家"之一,"书法宋四家"之首,宋词_____的开创者。宋高宗时追赠太师,谥"文忠"。 （ ）

　　A. 子由　六一居士　南宋　婉约派

　　B. 子瞻　东坡居士　南宋　豪放派

　　C. 子由　六一居士　北宋　婉约派

　　D. 子瞻　东坡居士　北宋　豪放派

2. 解释加点字。

荷尽已无擎雨盖,菊残犹有傲霜枝。

尽:_____　　　擎:_____

3.《赠刘景文》一诗中,作者抓住_____、_____、_____、_____这四种景物来进行描写。诗中提到的"橙黄橘绿"具体指的季节是_____（A. 初秋　B. 深秋　C. 秋末冬初）。

二、语言品味

1. "菊残犹有傲霜枝"中"傲"字让你感受到了菊花怎样的品质?

2. 说说"荷尽已无擎雨盖,菊残犹有傲霜枝"所描绘的画面。

3. 苏轼为什么要用"橙黄橘绿"来为老友励志呢?

三、文化理解

1. 荷花在本文中的意象正确理解为( )。

A. 取"荷"美好的形象,营造一种雅致的景象

B. 取"败荷"之形象,或对逝去光阴叹惋,或对生活环境破败惋惜

C. 取"莲出污泥而不染"的品质,托物言志

2. 菊花在本文中的意象正确理解为(　　)。

A. 坚韧不拔、傲然卓立

B. 清新淡雅、隐逸淡泊

C. 两袖清风、洁身自好

3. 诗人选择以"橙黄橘绿"来呈现秋末冬初之美,不仅是因为此时正值其成熟之季,更因为橘(　　)。

A. 四季常绿,给人以欣欣向荣的蓬勃之感

B. 经冬不凋、四季常绿,可与松柏相媲美

C. 只生长在南国,象征一心一意的坚贞和忠诚

四、学习评价

		自我评价	
知识掌握		第一题	☆
		第二题	☆☆
		第三题	☆☆☆☆☆
语言品味		教师评价	
		第一题	☆☆☆
		第二题	☆☆☆
		第三题	☆☆☆
文化理解		自我评价	
		第一题	☆
		第二题	☆
		第三题	☆

评价标准:对应"自我检测"的三大类,答对一个空格得一星。

(柳颖华)

别董大①

[唐]高 适

千里黄云②白日曛③，

北风吹雁雪纷纷。

莫愁前路无知己，

天下谁人不识君④？

注释

① 董大：指董庭兰，盛唐时期著名琴师。在其兄弟中排名第一，故称"董大"。

② 黄云：天上的乌云。在阳光下，乌云是暗黄色，所以称黄云。

③ 曛：昏暗。

④ 君：敬称，你，这里指董大。

诗歌大意：

千里浮云在落日的照射下变得暗黄，
大雪纷纷，大雁在凛冽北风中南飞。

请不要担心前方的路上没有知己，

天下还有谁会不认识您董庭兰呢？

学习目标

1. 理解"曛"的意思；能理解诗人与董大相同的贫贱困顿境遇，以及在日暮天寒里告别，从此各奔一方的凄楚之情；能理解"吹雁"的意思：雁行艰难，暗示着游子旅途的艰难。

2. 根据本诗的内容及情感，用自己的语言描绘出诗人风雪迷茫的送别场景，并展开相关想象和联想。

3. 通过编演课本剧的形式，进一步理解诗句"莫愁前路无知己，天下谁人不识君"中所表达的对友人的劝慰和激励。

学习过程

一、学生准备

1. 熟读古诗。（读准字音，读通句子）

2. 借助插图和注释，初步理解古诗大意。

3. 查找与诗歌创作背景有关的资料。

二、熟读成诵

1. 朗诵。

（1）在诵读的过程中，理解重点字、词，在理解的基础上有感情地诵读。

（2）与同桌互相诵读，交流对诗句的理解。

2. 尝试背诵。

三、自主学习

1. 阅读资源包中的"学习资料"。

2. 以小组为单位，根据"学习资料"进行自主学习。

（1）思考并讨论以下问题：

① 诗的前两句描写了怎样的送别场景,结合诗句内容用自己的话具体地说一说。

② 谈谈诗句"莫愁前路无知己,天下谁人不识君"表达了作者怎样的思想感情。

(2) 全班交流。

3. 完成自测。

四、情境表演

1. 交流课本剧的编写和表演的要求。

2. 交流古诗的创作背景、意境及所表达的情感。

3. 根据古诗的创作背景、意境及所表达的情感指导学生创编剧本。

4. 小组进行剧本编写、排练和演绎。

5. 评一评。

		评价标准	自我评价	小组评价	教师评价
情境表演	情景构建	☆能体现"日暮天寒"的时间和季节特点	☆☆☆	☆☆☆	☆☆☆
		☆☆在正确体现时间和季节特点的基础上,呈现出风雪交加的送别场景			
		☆☆☆合理运用媒体和道具烘托送别气氛			
	人物演绎	☆运用衣着和道具,体现两个人物的不同特点	☆☆☆	☆☆☆	☆☆☆
		☆☆通过语气、神态和动作体现人物离别时的难分难舍			
		☆☆☆通过自然流畅的表演,体现作者对友人从不舍、劝慰到激励的心理变化			
	情感表达	☆能表达出作者即将与友人分别时的哀伤	☆☆☆	☆☆☆	☆☆☆
		☆☆能自然合理地表达出作者和友人惺惺相惜之情			
		☆☆☆能生动形象地表达出作者对友人的劝慰和激励			

📁 附学习资料

师者感言

　　人生困顿时，友情是随时可以安然栖息的理想堤岸。友人之间，诚挚胜过黄金万两，抵过万里寒霜。而高适与董庭兰的友情便是如此，他们惺惺相惜，又"同是天涯沦落人"[①]，即使在临别之际，也还是激励朋友抖擞精神去奋斗、去拼搏。这种友情着实让人羡慕！

　　高适是游过燕赵，到过边塞的人，所以他的话更慷慨，襟怀更宽阔。"莫愁前路无知己，天下谁人不识君"，用这种方法告慰远去的游子，实在是太合适了，虽然别意凄凄，但用心良苦，非情感深挚不能如此。

说文解字

❧ 字形演变

甲骨文　　　小篆　　　楷书

❧ 意义表达

　　"别"是会意字。甲骨文从刀，从冎（骨），会以刀剔骨上肉之意。小篆整齐化。隶变后的楷书写作"剐"。汉字简化后写作"别"。

　　"别"的本义为分解骨与肉，读作 bié。引申泛指分开、离开。又引申指明辨、区分，如"分门别类""鉴别"。还引申指转动、转变，如"别过脸去"。

　　用作名词，引申指"差异""不同"，如"天壤之别"。进而引申指按不同性质分出来的类，如"类别""派别"。

　　用作副词，表示禁止或劝阻，如"别动""别玩了"。用于不如意的情况，还表

---

①　语出白居易《琵琶行》。

示揣测,如"别不是出事了吧"。

又读作 biè,表示坚持要求对方改变意见或习惯,如"我想不依他,可又别不过他"。

诗海撷英

海内存知己,天涯若比邻。 ——王勃《送杜少府之任蜀州》

浮云游子意,落日故人情。 ——李白《送友人》

但去莫复问,白云无尽时。 ——王维《送别》

故人西辞黄鹤楼,烟花三月下扬州。 ——李白《黄鹤楼送孟浩然之广陵》

析情赏文

古往今来,许多文人墨客对于离别总是歌吟不绝,送别诗中往往充满浓浓的感伤,而高适的这首诗却突破了以往送别诗悲伤的基调,给人以精神上的振奋。

这首诗的前两句首先展现了一个风雪迷茫的送别场景。北方的冬日,暴雪将来之时,天空往往是黄红之色,"千里黄云"描绘的就是这样的景色。"白日曛"指因为暴雪即将到来,太阳在西沉时显得昏黄模糊。在呼啸的北风中,只见空中只只断雁艰难前行,大雪也纷纷扬扬地落了下来。"北风吹雁"暗示着游子前路的艰难,那天空中离了群的大雁,不正是作者和友人的化身吗?这两句烘托了离别的伤感气氛,为下文的转折作了铺垫。

在描写了恶劣气候环境后,后两句笔锋一转,全然不写千丝万缕的离愁别绪,而用充满信心的口吻鼓励友人踏上征途。作者此时正处在困顿不得志的境遇之中,但他没有因此沮丧、惆怅,反而劝勉友人,"莫愁"二字正是表现出他豪迈豁达的胸襟。其实,这也是作者对自己的勉励——纵然身无分文,依然心怀天下;尽管怀才不遇,却又不甘沉沦。这种"人生何处不相逢"的自信和乐观,使后世怀才不遇之士也从中受到鼓舞和启迪。也正因为这两句,这首诗才广为传诵。

送别诗因为多描写离愁别绪,写得不好就容易凄清缠绵、自怜自叹。而这首诗则不同,具有慷慨悲歌、豪放雄壮的色彩。当时的作者与琴师董大都处于人生的低谷,又在日暮天寒里告别,各奔一方,总有些许凄然。但诗人胸襟开阔,临别赠言说得激昂慷慨,在慰藉中给人信心和力量,激励朋友抖擞精神去奋斗、去拼搏。因为是知音,话语才质朴豪爽;又因为"同是天涯沦落人",才以希望来慰藉。

知人论世

作者生平

高适(704—765),字达夫,一字仲武,沧州渤海县(今河北景县)人。唐朝时期大臣、边塞诗人。

他的诗作大多数描写的是边塞生活,与岑参、王昌龄、王之涣合称"边塞四诗人"。他的七言诗作尤为出色,笔力雄健,气势奔放,洋溢着奋发进取、蓬勃向上的时代精神。著有《高常侍集》二十卷。

逸闻轶事

字字斟酌留佳句

唐代大诗人高适,有一日在杭州的一个寺庙游玩。入夜了没能及时赶下山,便在寺里住了一晚。那天,夜色朦胧,秋风清凉,高适便走出房门欣赏美景。站在山上正好能看到山下的钱塘江水,月光照在江面上熠熠生辉。此等美景,高适诗兴大发,想着一定要写一首。于是他大笔一挥,直接在寺庙的墙壁上写了这样四句诗:

绝岭秋风已自凉,鹤翔松露湿衣裳。

前村月落一江水,僧在翠微闲竹房。

这里要强调一下,题壁诗是很常见的一种诗体,特别是在寺庙的院墙上题诗,在古代是很流行的。但是现在多数寺庙都是文物保护单位,可千万不能在院内随意涂写。

高适这四句诗,把写景、叙事完美地融合在一起,充满禅意。首句从秋风入手,秋风凉、秋意浓,已颇有诗情。次句再引入仙鹤、青松、夜露三个意象,将这个秋夜写得异常静谧。露水打在衣裳上,诗人也全然不在意,只因早就被眼前之景所吸引。第三句中"月落一江水"是妙笔,仅用五个字就把江水和月光融合在一起。最后由景及人,此情此景下,僧人在竹房内闲适地参禅。这两句突出的是一个"闲"字,禅意和美景都在这个字里。

写完此诗后第二天,高适因公务在身,便匆匆离去了。而寺里的僧人们一看这诗,个个都啧啧赞叹。就这样,这首诗就成了此寺的"一宝",过路的读书人、达官贵族们,都要来赏上一赏。

一日,有一个过路读书人来到此地后,也来赏诗,当时他并不知道这是高适的作品。当他读到第三句"前村月落一江水"时,便觉得写得不对。钱塘江水受涨退潮的影响,高适写这首诗时是看不到"一江水"的,只能是"半江水"。而且,在古典诗词里,"半江水"不管是从意境上来看,还是从字句本身的美感来看,都更好。于是,书生便直接提笔把这"一江水"改成了"半江水"。

此举被寺僧看到了,便赶忙跑到他过来,直接呵斥:"高适的诗你也敢改!"读书人倒也不怯懦,直接让寺僧看看自己改得如何。寺僧也挺懂诗词,仔细看了看,发现确实改得不错,连连赞叹。读书人这才离去。

话分两头,高适离开寺庙后不久,也得知了钱塘江水退潮的问题,也意识到自己写错了。于是他在多日后,又专门去了一趟寺庙,想改过来。结果刚说明来意,寺僧便说道:"早有人给你改了!"高适看了看改后的作品,直夸改得好。遗憾的是,当他问起那位读书人的姓名时,寺僧无奈地表示,他是匆匆离去的,没留下任何信息。

✍ 创作背景

高适和董大初识于吏部尚书房琯(guǎn)的宴会,这时董大是房琯的门客,而高适则是上门求见的考生,高适为董大的琴艺所折服,而董大也为有高适这样的知音而庆幸。

公元747年(唐玄宗天宝六年)春天,房琯被贬出朝,董大也不得不离开长安。是年冬,董大与高适相会于睢阳(故址在今河南省商丘市南)。这首诗是高适与董大久别重逢,经过短暂的聚会以后,又各奔他方的赠别之作。两个人都处在困顿不达的境遇之中,贫贱相交自有深沉的感慨。

知物谈艺

✍ 云

白云是古诗常用的意象,虽然很平常,却在诗人笔下被描绘得如梦如幻。云的意象可以分为:孤云、闲云、黑云、白云、暮云……

孤云意指闲适之心、隐居之意,代表着清高、孤傲。除此之外,还有游子独自在外漂泊、无所依附之感,表达作者内心的孤独。因云有随风飘荡的特性,故有自由隐逸之感。

闲云在诗人笔下抒发淡泊闲适、宁静致远之意,或是诗人借"闲云"表达自己内心抛却世俗、闲云野鹤之情。然而,"闲云"在唐诗中并不仅仅只是这几个意思的代名词,更多的是随着诗境产生变化,融情入景,意思和作用也具有多变性。

暮云大多与猎场、友人、边塞、写景、述怀关联。在念友人的诗中,暮云所起的作用在于表现离别之悲。写景诗中,诗人常运用暮云与自然山川的相互映衬来过渡和转折思想感情。在唐诗中，暮云不似初朝之霞般绚丽多彩、生机勃勃，亦不像正午之云般静洁高渺，而是透露了一种无言的壮阔，或是深沉的悲哀。

🐦 雁

大雁是候鸟，随着季节冷暖，南北迁徙，冬去春来，它们按时往返，给人以诚信之感；雁是众多鸟类中相对温和的动物，这和中国古代文人的儒雅是相符的。雁在秋日高空成队飞翔时，队形一丝不苟，衬以秋日肃杀气氛，愈显壮士一去兮不复返的壮美。正是雁自身本能的表露，暗合了人的悲欢离合与亲情友情，所以自古以来雁被赋予特别的关注和寄托，是中国古诗词中极为重要的吟咏对象。

秋天，大雁乘着长风奋力飞往南方越冬。这种景象，与人们不得不背井离乡的现状相契合，离开故土、浪迹天涯的古人，在雁身上看到了自己居无定所、漂泊无依的境况，大雁也因此成为人们思念故乡、怀念亲人的形象载体。羁旅而漂泊在他乡的游子，总会抒写大雁引起的思乡之情，表达自己离开故土、浪迹天涯时对故乡的思念；也有因鸿雁传书的故事而流露出的相思之情。

🐦 董大

人称董庭兰，他早年学琴，演奏技艺就十分高超。但由于七弦琴非常古老，懂得的人很少，知音难觅，当时全国又流行西域音乐，董庭兰虽然身怀绝艺，却苦闷于无人欣赏。于是他走出琴室，经常和西域乐师交流技艺，又到市井村邑为百姓演出，还到楼馆茶座为名流学士吹奏，他刻苦钻研筚(bì)篥(lì)①的演奏艺术，成为当时知名的筚篥演奏家，所以诗人才诚恳地说出"天下谁人不识君"的话来。

延展阅读

高适的"开挂"人生

高适出生在诗歌的巅峰时代——唐朝，所以和诗仙李白、诗圣杜甫等人相比，他就没有那么出名了。

虽然李白、杜甫、高适三人曾经也是一起找仙人、采仙草、炼仙丹的好朋友，但当时李白已经是唐朝大明星，杜甫也初露头角，只有高适还没有被人们熟知，所以高适在诗人这条路上也着实不容易，可他在另一条路上却"混"得风生水起，那就是当官。

---

① 筚篥(bì lì)，也称管子。中国传统双簧管乐器，由古代龟兹人发明，多用于军中和民间音乐。流行于我国各地，为汉族、维吾尔族、朝鲜族等多民族所喜爱。

声名不及李杜的高适学而优则仕,全唐朝那么多的诗人或者惊才绝艳,或者隐居田园,不管他们选择哪条路,有一点是肯定的,绝大多数的诗人在仕途上都不得志。但高适不同,他走出了一条康庄大道。他投笔从戎,从大唐文艺圈走向了大唐的军政界,并且最终因军功而封侯。纵观历史,能做到如此的诗人屈指可数。

高适成功了,但是他属于大器晚成的那种,人到中年才走向成功,坦白来说,他的前半生完美遵循了"历史上成功人士从小困苦"这一基本惯例。从小家道中落,父亲早逝,颠沛流离,一度沦为乞丐,这种经历,怎一个惨字了得! 但也正是小时候的特殊经历,磨炼了他的性格和意志,为后面的人生之路奠定了良好的基础,起码他吃得了苦。

高适二十岁这一年,为了获得官场准入资格证(即科举考试),走向人生巅峰,他来到了长安。二十岁的他,意气风发,甚至还有点年少轻狂,"二十解书剑,西游长安城。举头望君门,屈指取公卿"①。此时的他以为凭自己所学,进入官场易如探囊取物,可毕竟长安就是长安,官场就是官场,没有私下走动走动的他,科考不出意外地失利了。

失败并不可怕,可怕的是你倒下。高适没有倒下,转身就去种地了。此后的十几年,他在宋州(今河南商丘)一带认认真真种地,当然,他也没忘记不断丰富自己的内在精神世界。

官场仕途走不通,那就换一个方向——去战场。他去了边塞,看到了"大漠孤烟直"②,也看到了"长河落日圆"③,更看到了冲锋陷阵的士兵,以及毫无作为的将领。他的内心很复杂,提笔就写下了那首《燕歌行》,"君不见沙场征战苦,至今犹忆李将军",他的征途不是星辰大海,而是大漠朔风吹的战场。

"文能提笔安天下,武能上马定乾坤"④。高适完美地诠释了这句话。后来,安史之乱爆发,天下大乱,年过五十的高适却迎来了人生转机。唐玄宗与唐肃宗都发现了高适的能力,予以破格重用。高适秉持心中理想,常思报国之志,在乱世之中一展文韬武略和安邦定国之功。大器晚成的高适,出任刑部侍郎,转散骑常侍、淮南节度使,讨伐永王李璘叛乱,讨伐安史叛军,解救睢阳之围,历任彭蜀二州刺史、剑南节度使。因功勋卓著,加封为银青光禄大夫,官至渤海县

① 语出高适《别韦参军》。
② 语出王维《使至塞上》。
③ 语出王维《使至塞上》。
④ 语出《三国演义》。

侯,是唐代诗人中唯一封侯的文学宗师。

虽然他的人生开始不易,但历经磨难高适最终实现了人生理想。身为诗人,其边塞诗成为后世经典;身为大唐男儿,他征战四方封疆拜吏,从无名草根华丽逆袭,令人不由得从心底感叹一句:干得漂亮!

唐代最著名的送别诗

古往今来,许多文人墨客对于离别总是歌吟不绝。在这浓浓的感伤之外,往往还有其他寄寓:或用以激励劝勉,或用以抒发友情,或用于寄托诗人自己的理想抱负。另外,唐朝的一些送别诗往往洋溢着积极向上的青春气息,充满希望和梦想,反映盛唐的精神风貌。

下面,我们就一起来欣赏一下唐代最著名的十首送别诗。

送元二使安西

王　维

渭城朝雨浥轻尘,客舍青青柳色新。

劝君更尽一杯酒,西出阳关无故人。

这首诗描写的是一种最普遍的离别。它没有特殊的背景,却有最真挚的祝福,后来被编入乐府,成为最流行、传唱最久的歌曲,这在送别诗中是独有的。

送杜少府之任蜀州

王　勃

城阙辅三秦,风烟望五津。

与君离别意,同是宦游人。

海内存知己,天涯若比邻。

无为在歧路,儿女共沾巾。

这是"初唐四杰"之首王勃最著名的诗作。全诗开合顿挫,意境旷达,堪称送别诗中的经典,全诗仅仅四十个字,却纵横捭(bǎi)阖,变化无穷,仿佛在一张小小的画幅上,包容着无数的丘壑,有看不尽的风光,至今广泛流传。

芙蓉楼送辛渐

王昌龄

寒雨连江夜入吴,平明送客楚山孤。

洛阳亲友如相问,一片冰心在玉壶。

全诗即景生情,寓情于景,含义隽永,韵味无穷,是王昌龄最著名的送别诗。芙蓉楼也因此诗闻名于世。

黄鹤楼送孟浩然之广陵

李 白

故人西辞黄鹤楼,烟花三月下扬州。

孤帆远影碧空尽,唯见长江天际流。

这首著名的送别诗无疑是李白众多送别诗中最为经典的作品,全诗以绚丽多彩的春色和浩瀚无边的长江为背景,描绘出了一幅色彩明快、意境开阔、情丝不绝的送别画。

于易水送别

骆宾王

此地别燕丹,壮士发冲冠。

昔时人已没,今日水犹寒。

全诗运用吊古伤今的艺术手法来创作,构思巧妙,语言含蓄,寓意深远,感情强烈,笔调苍凉。

送友人

李 白

青山横北郭,白水绕东城。

此地一为别,孤蓬万里征。

浮云游子意,落日故人情。

挥手自兹去,萧萧班马鸣。

这首送别诗写得新颖别致,不落俗套。诗中青山、流水、红日、白云,相互映衬,色彩璀璨。班马长鸣,形象新鲜活泼,勾勒出了一幅有声有色的画面。

送灵澈上人

刘长卿

苍苍竹林寺,杳杳钟声晚。

荷笠带斜阳,青山独归远。

全诗借景抒情,构思精致,语言精练,意境闲淡,情趣高雅,既是一首感情真挚的送别诗,也是唐代著名的写景诗。由此可见,刘长卿"五言长城"①的名号所言非虚。

学子慧言

----

① 刘长卿工于诗,长于五言,自称"五言长城"。

_____

_____

_____

_____

📖 参考文献

［1］周啸天.唐诗鉴赏辞典[M].北京:商务印书馆国际有限公司,2018.

［2］郦波.唐诗简史[M].上海:学林出版社,2018.

［3］辛文房.唐才子传[M].北京:中信出版社,2021.

［4］曹志敏.诗说中国文化[M].北京:东方出版社,2017.

［5］于丹.汉字之美[M].北京:北京联合出版公司,2020.

自 我 检 测

一、知识掌握

1. 解释加点字。

千里黄云白日曛,北风吹雁雪纷纷。

黄云:_____　　曛:_____

2. 高适,字_____,沧州渤海县人。盛唐时期著名的_____诗人,与岑参、王昌龄、王之涣合称_____。他的_____尤为出色。(　　)

A. 达夫　边塞　"边塞四诗人"　七言

B. 仲武　送别　"初唐四杰"　五言

C. 达夫　边塞　"边塞四诗人"　七言

D. 仲武　送别　"初唐四杰"　五言

3. 这首诗具有_____的色彩。诗中提到的"君"指的是_____。(　　)

A. 凄清缠绵、低徊流连　高适自己

B. 慷慨悲歌、豪放雄壮　高适的好友董庭兰

二、语言品味

1. 诗中"千里黄云白日曛,北风吹雁雪纷纷"这两句描写了怎样的送别场景?结合诗句内容用自己的话说一说。

2. 谈谈诗句"莫愁前路无知己,天下谁人不识君"表达了作者怎样的感情。

3. 说说这首诗与一般送别诗的相同之处和不同之处。

三、文化理解

1. "云"在本文中的意象正确理解为（   ）。

    A. 闲适之心，隐居之意

    B. 淡泊闲适，宁静致远之意

    C. 表现离别之悲，相思之苦

2. "雁"在本文中的意象正确理解为（   ）。

    A. 寄托相思之情

    B. 比喻高洁的品格

    C. 比喻居无定所、漂泊无依的游子

3. 以下诗句与"莫愁前路无知己，天下谁人不识君"表达的情感一致的是（   ）。

    A. 浮云游子意，落日故人情

    B. 海内存知己，天涯若比邻

    C. 劝君更尽一杯酒，西出阳关无故人

    D. 同是天涯沦落人，相逢何必曾相识

四、学习评价

		自我评价	
知识掌握		第一题	☆☆
		第二题	☆
		第三题	☆
语言品味		教师评价	
		第一题	☆☆☆
		第二题	☆☆☆
		第三题	☆☆☆
文化理解		自我评价	
		第一题	☆
		第二题	☆
		第三题	☆

评价标准：对应"自我检测"的三大类，答对一个空格得一星。

（许　琼）

芙蓉楼送辛渐

[唐]王昌龄

寒雨连江①夜入②吴，

平明③送客楚山④孤⑤。

洛阳⑥亲友如相问，

一片冰心⑦在玉壶。

注释

① 连江：雨水与江面连成一片，形容雨大。

② 入：进，进入，文中指到达吴地。

③ 平明：天刚亮。

④ 楚山：泛指长江中下游北岸的山。长江中下游北岸在古代属于楚地范围。

⑤ 孤：独自，孤单一人。

⑥ 洛阳：现位于河南省西部、黄河南岸。是唐朝的经济文化中心。

⑦ 冰心：像冰一样晶莹、纯洁的心。

诗歌大意：

> 烟雨连天洒满江面,深夜来到陌生吴地,
> 清晨送别友人,独自面对楚山离愁无限!
> 朋友啊,洛阳亲友们若是问起我的近况,
> 就说我依然保持着像冰一般纯洁的心灵!

 学习目标

1. 借助注释,理解"入""孤"的含义,明白作者送别友人的孤单与坚守忠节的决心。

2. 理解"冰心""玉壶"所表达的心地纯洁、表里如一、胸怀高洁的意象;理解作者始终坚守忠贞的初心。

3. 根据本诗的内容及情感,以辛渐的口吻,向洛阳的亲友转告王昌龄的近况,并表达他的志向与信念。

4. 通过即兴表演辛渐与洛阳亲友相见时的情景,进一步加深对王昌龄光明磊落、澄澈品格的认识。

学习过程

一、学习准备

1. 欣赏歌曲,建立送别的情感基调。

2. 积累送别诗句。

二、熟读成诵

1. 诵读。

(1) 抓住重点字词,读准字音,了解字义。

(2) 正确朗读古诗,初步了解诗句大意。

2. 尝试背诵。

三、自主学习

1. 以小组为单位,借助资源包中的"学习资料"进行合作学习。

(1)阅读"学习资料"。

(2)结合你自己的经历,谈谈你送别亲友时的感受。

(3)以小组为单位,讨论以下两个问题:

① 说说第二句中"孤"字好在何处?

② 联系"一片冰心在玉壶",说说"洛阳亲友如相问"最有可能问的是什么?

2. 完成自测。

四、情境表演

1. 以辛渐的口吻向洛阳的亲友转告王昌龄的近况,并表达他的志向与信念。

2. 想象辛渐与王昌龄的家人或朋友见面时的情景,以对话的形式写一个小剧本。

3. 按剧本内容,表演辛渐与洛阳亲友相见时的情景。

4. 评一评。

		评价标准	自我评价	小组评价	教师评价
情境表演	情景构建	☆能创设符合时代特征的场景	☆☆☆	☆☆☆	☆☆☆
		☆☆在符合时代特征的场景中,体现人物关系			
		☆☆☆在符合时代特征的场景中,体现人物关系及王昌龄送别辛渐的经历			
	人物演绎	☆能通过语言表现人物特点	☆☆☆	☆☆☆	☆☆☆
		☆☆能通过语言、神态、动作等表现人物特点			
		☆☆☆能自然流畅地通过语言、神态、动作表现人物特点			
	情感表达	☆能正确表达人物的情感	☆☆☆	☆☆☆	☆☆☆
		☆☆能结合创作背景表达人物的情感			
		☆☆☆能在正确表达人物情感的基础上弘扬坚守忠信的初心			

附学习资料

师者感言

当人们出发很久、走了很长的路,就有可能慢慢忘记自己为什么出发,要去往何处。王昌龄用一首《芙蓉楼送辛渐》告诉人们即使经历再大的波折也要始终坚守忠贞,不忘初心。

一句"洛阳亲友如相问,一片冰心在玉壶"以晶莹透明的冰心玉壶自比,正是作者蔑视谤议的自誉。王昌龄从清澈无瑕、澄空见底的玉壶中捧出一颗晶亮纯洁的冰心告慰友人,比任何相思的言辞更能表达他对洛阳亲友的深情。离别的苦闷与被贬的落寞,都无法动摇他坚定不移朝着目标前进的步伐。

我们应该知道自己是谁,从哪里来,要到哪里去。初心是心怀的承诺与信念,是困境时履行的责任与担当。

说文解字

🐾 **字形演变**

|金文|小篆|楷书|

🐾 **意义表达**

送,从辶(辵)从灷(火种),本义为左右伴娘给新娘打伞陪同。将自己点燃的火把双手捧着去点燃别人(的火把),把火种传播开去的行动。"送"是会意兼形声字。金文从辵,从省会意,兼表声。隶变后楷书写作"送"。《说文·辵部》:"送,遣也。从辵,省。"(送,遣送。由辵、由省人会意。)

"送"的本义指送亲,如《诗经·邶风·燕燕》:"之子于归,远送于野。"引申为送行、送别。又引申为遣送,如宋濂《送东阳马生序》:"录毕,走送之,不敢稍逾约。"又指送葬、送丧,如《明史·海瑞传》:"白衣冠送者夹岸。"进而引申为了结、了断,如"断送了百年基业"。又可引申为馈赠,如"送礼"。

诗海撷英

离心何以赠,自有玉壶冰。　　　　　　　　——骆宾王《送别》

一年好景君须记,最是橙黄橘绿时。　　　　——苏轼《赠刘景文》

唯有门前镜湖水,春风不改旧时波。　　　　——贺知章《回乡偶书》

莫愁前路无知己,天下谁人不识君?　　　　——高适《别董大》

析情赏文

《芙蓉楼送辛渐》为一首送别诗,全诗即景生情,寓情于景,含蓄蕴藉,韵味无穷。诗文构思新颖,淡写朋友的离情别绪,重写自己的高风亮节,表明了作者坚守忠节贞信的志向。

"寒雨连江夜入吴",写的是烟雨笼罩着吴地的江天,织成无边无际的愁网。夜雨在诗中增添了秋意,渲染出黯淡的离别氛围。寒意不只是在江上的烟雨中弥漫,更是沁透了离别友人的心头。"连"字和"入"字突出雨势连绵与平稳,悄然而至的江雨动态映射出诗人心中的离情。

水天相连、浩渺迷茫的吴江夜雨图,将极其高远壮阔的境界展现在读者面前。"平明送客楚山孤"中,作者并没有对如何感知秋雨来临的细节进行写实的记述,只是将视听感受和内心的联想概括成了连江的雨势,大片水墨染出一纸的烟雨朦胧,用浩大的气势烘托了"平明送客楚山孤"的开阔意境。

后两句"洛阳亲友如相问,一片冰心在玉壶"表现了诗人与朋友分手时,对朋友的嘱托。洛阳,是指今河南省洛阳市,是唐朝政治、文化、经济中心,在洛阳有诗人的亲友。冰心形容人的内心清明,如同冰块;玉壶,玉石制成的壶。六朝时,诗人鲍照曾用"清如玉壶冰"(《代白头吟》诗),来比喻清白高洁的品格,此诗中的玉壶也是用来比喻纯正的品格。诗人以玉壶冰心的晶莹剔透自比,正表现出他与洛阳亲友之间的真正理解与完全信任,这绝不是为了洗刷谗名而作出的辩白,而是蔑视谤议的自誉。

此诗以苍茫的江雨和孤峙的楚山烘托诗人送别时孤独寂寥之情,展现诗人坚毅的性格以及开朗的胸怀。屹立于江天之上的孤山与置于玉壶之中的冰心形成一种有意又无意的映照,引人联想到诗人孤介傲岸、冰清玉洁的形象,委婉的用意、精巧的构思融于清空明澈的意境之中,所以浑然天成,不着痕迹,含蓄蕴藉,余韵无穷。

知人论世

作者生平

王昌龄(698—757),字少伯,河东晋阳(今山西太原)人。盛唐著名边塞诗人,后人誉为"七绝圣手"。

王昌龄年少时生活贫苦,依靠农耕维持生计,30岁后中进士及第。初任秘书省校书郎,后来辗转担任了博学宏辞、汜水尉,后来因事被贬岭南。王昌龄与李白、高适、王维、王之涣、岑参等人交往深厚。开元末年返回长安,改授江宁丞。后又被谤谪(zhé)龙标尉。安史之乱时,被刺史闾丘晓所杀。其诗以七绝见长,王昌龄一生中创作了近两百首诗,留下的就有一百八十首。其中送别诗有五十二首,占了近四分之一。七绝七十四首占整个盛唐绝句的六分之一。

王昌龄是盛唐时享有盛誉的诗人。殷璠《河岳英灵集》举他为"风骨"的代表,赞誉其所作诗为"中兴高作",选入的诗作数量为全集之冠。可见其在诗坛上的地位。

逸闻轶事

失孟交李

王昌龄一生结识的诗人众多,友好往来的也不在少数,如孟浩然、李白、王维、高适等。王昌龄与孟浩然、李白之间的交往还形成了令人感慨的"失孟交李"的千古轶闻。

王昌龄到襄阳,拜访好友孟浩然。孟浩然一见故友来访,分外高兴,不顾自己的疽(jū)病未愈,便杀鸡宰羊招待,还安排了一顿海鲜。王昌龄离别时,孟浩然还为之写诗送别:洞庭去远近,枫叶早惊秋。岘首羊公爱,长沙贾谊愁。

没想到,孟浩然竟因为陪好友王昌龄吃了海鲜,痈疽(yōng jū)复发,时隔不久便不治而逝。孟浩然过世的噩耗传来,当时王昌龄还在返回长安的途中,他悲痛万分,充满了自责、懊丧。

北归途中的王昌龄在巴陵,也就是今天的湖南岳阳,与大诗人李白相遇,两人惺惺相惜,一见如故。王昌龄即作《巴陵送李十二》一诗相赠李白:摇曳巴陵洲渚分,清江传语便风闻。山长不见秋城色,日暮蒹葭空水云。

王昌龄后来贬任龙标尉后,李白为之写《闻王昌龄左迁龙标遥有此寄》给予勉励,表达了好友之间的一片深情:杨花落尽子规啼,闻道龙标过五溪。我寄愁心与明月,随风直到夜郎西。

这就是王昌龄"失孟交李"的轶闻。

❧ 创作背景

《芙蓉楼送辛渐》作于天宝元年（742 年），王昌龄当时任职江宁（今江苏南京）丞。辛渐是王昌龄的好友，当时准备从润州渡江，途径扬州，北上去往洛阳。王昌龄可能陪他从江宁到润州（今江苏镇江），随后就此在此分手。

王昌龄因不拘小节，遭到一般庸人议论，多次受到贬谪。他托辛渐给洛阳友人带去这句"一片冰心在玉壶"，既是对那些污蔑之词的有力回击，也是对最理解信任自己的友人做出告慰，表明作者始终不忘初心、坚守忠节的决心。

知物谈艺

❧ 洛阳

以洛阳为中心的河洛流域地区是中华文明的发祥地之一，中国古代伏羲、女娲、黄帝、尧、舜、禹等居住于此。同时，洛阳也是中国 3 000 多年文明的帝都王城，华夏、中华、中土、中原、中州等称谓均源自于古老的洛阳城和河洛文明。

唐代洛阳更是被称为东都，是当时的经济文化中心，也是文人墨客向往的文化聚集地，同时其政治地位也非常高，是士子官宦的集中地。正因为洛阳当时具有极高的政治、经济、文化地位，墨客笔下的洛阳往往是文人一展才气的舞台，是实现理想抱负的象征。本诗虽写在被贬离开洛阳之后，但作者无论身在何处从未失去报国的理想，更要昭告洛阳亲友自己的决心。

❧ 冰心

冰心的意思是像冰一样晶莹明亮的心，比喻心地纯洁、表里如一。见于《宋书》卷九十二："冰心与贪流争激，霜情与晚节弥茂。"这是刘宋时代"清平无私""为上民所爱咏"的良吏陆徽的话，王昌龄取用"冰心"二字，当表示自己与"励志廉洁，历任恪勤，奉公尽诚，克己无倦"的陆徽志同。

❧ 玉壶

玉壶，本指美玉制成的壶，可用以盛物。也指玉制的壶形佩饰，由皇帝颁发，寓敬老、表功之意。后来人们常常用来比喻高洁的胸怀。见于鲍照《代白头吟》："直如朱丝绳，清如玉壶冰"，是高洁的象征。此外，陆机《汉高祖功臣颂》的"周苛慷慨，心若怀冰"、姚崇《冰壶诫序》的"夫洞澈无瑕，澄空见底，当官明白者，有类是乎。故内怀冰清，外涵玉润，此君子冰壶之德也"，大致都是"不牵于宦情"之意——虽然自己对升降得失有所感悟，但仍旧有一片冰心，不违初衷，决意保持一种清高孤傲的精神境界和自我品格。

延展阅读

边塞四诗人

　　王昌龄的七言绝句在内容上可分三类：边塞诗、闺怨诗、送别诗，这三类都自有特色，而其中以边塞诗最为人称道。因此王昌龄也与高适、岑参、王之涣一起被史学界称为"边塞四诗人"。

　　王昌龄漫游西北边地时，岑参只有11岁，高适的边塞生活也还没有开始，后人以此为证认为王昌龄是边塞诗的开山鼻祖。王昌龄亲身前往边塞，亲眼见到了边塞的长云、雪山、大漠、烽火、雄关、孤城、羌笛等景象，因此在王昌龄的诗中，边塞的景物共筑出一幅壮美的群像图。王昌龄的边塞诗长于捕捉典型，具备高度的概括和鲜明的表现力，既能反映出盛唐的主旋律，又对边塞风光、边关战场进行细致入微的描写，更能够捕捉到将士细腻的内心世界。其诗在造景、发情、写意方面均有极高造诣。

出　塞

王昌龄

秦时明月汉时关，万里长征人未还。

但使龙城飞将在，不教胡马度阴山。

　　高适的诗气势奔放，笔力雄健，洋溢着盛唐时期特有的蓬勃向上、奋发图强的精神。他的边塞诗成就最高，歌颂了战士奋勇报国、建功立业的豪情，也表现了从军生活的艰苦及对和平美好生活的憧憬，揭露了边将的骄奢淫逸、不恤士卒，还贬斥朝廷的赏罚不分、安边无策，流露出忧国爱民之情。

塞上听吹笛

高　适

雪净胡天牧马还，月明羌笛戍楼间。

借问梅花何处落，风吹一夜满关山。

　　岑参长于七言歌行，对边塞风光、军旅生活，以及少数民族的文化风俗有亲切的感受，故其边塞诗尤多佳作。风格与高适相近，后人多并称"高岑"。今有《岑嘉州集》七卷行世，《全唐诗》编诗四卷，代表作是《白雪歌送武判官归京》。

白雪歌送武判官归京

岑　参

北风卷地白草折，胡天八月即飞雪。

忽如一夜春风来，千树万树梨花开。

散入珠帘湿罗幕，狐裘不暖锦衾薄。

将军角弓不得控，都护铁衣冷难着。

瀚海阑干百丈冰，愁云惨淡万里凝。

中军置酒饮归客，胡琴琵琶与羌笛。

纷纷暮雪下辕门，风掣红旗冻不翻。

轮台东门送君去，去时雪满天山路。

山回路转不见君，雪上空留马行处。

王之涣"慷慨有大略，倜傥有异才"，早年精于文章，并善于写诗，多引为歌词。他尤善五言诗，以描写边塞风光为胜，是浪漫主义诗人。靳能在《王之涣墓志铭》中称其诗"尝或歌从军，吟出塞，嗷(jiǎo)兮极关山明月之思，萧兮得易水寒风之声，传乎乐章，布在人口"。但他的作品现存仅有六首绝句，其中三首是边塞诗。他的诗以《登鹳雀楼》《凉州词》为代表。章太炎推《凉州词》为"绝句之最"。

凉州词

王之涣

黄河远上白云间，一片孤城万仞山。

羌笛何须怨杨柳，春风不度玉门关。

"借物喻人"

"一片冰心在玉壶"中王昌龄以冰心玉壶自比，表达自己依然冰清玉洁、坚持操守的信念，这样的表现手法被称为借物喻人——借某一事物的特点，来描写人的一种品格。古人常以冰雪的晶莹比喻心志的忠贞、品格的高尚，冰心即指高洁的心性。早在六朝刘宋时期，诗人鲍照就用"清如玉壶冰"(《代白头吟》)来比喻高洁清白的品格。自从开元宰相姚崇作《冰壶诫》以来，盛唐诗人如王维、崔颢、李白等都曾以冰壶自励，推崇光明磊落、表里澄澈的品格。类似这样借物喻人的诗词还有很多。

于谦的《石灰吟》一诗中，处处以石灰自喻，咏石灰即咏自己。石灰的属性和作者的思想相吻合。第一句"千锤万凿出深山"展现了开采石灰石的不易，二句"烈火焚烧若等闲"中，"烈火焚烧"写的是石灰石的烧炼过程，加上"若等闲"三字，使人联想到志士仁人的视若等闲，此处不仅在写烧炼石灰石而是再写无论面临着怎样的考验，都能从容不迫的贤人。第三句"粉骨碎身浑不怕"，"粉骨碎生"生动形象地表达了石灰石烧成石灰粉的过程，而"全不怕"三字又使读者联想到不怕牺牲的精神。末句"要留清白在人间"更是作者直抒情怀,立志要做清白纯洁之人。全诗通过赞颂石灰的坚强不屈,抒发诗人不同流合污、与恶势力斗争到底的思想情感以及洁身自好,在人生道路上清清白白做人的高尚情操。

《墨梅》一诗中,王冕盛赞梅花的高风亮节,借物抒怀,借梅自喻。王冕赞美墨梅只愿给人间留下清香,却不求人夸的美德,借此抒发了自己的人生态度、展现了不献媚世俗的情操。开头两句"吾家洗砚池头树,朵朵花开淡墨痕"直接描写水墨画中小池边梅花盛开的幽雅情境,画中的梅花都是淡淡的墨迹点染而成。"不要人夸好颜色,只留清气满乾坤"两句盛赞墨梅的高风亮节,它由淡墨所画,外表必然不会娇艳,但高洁端庄的气质却能自然地流露于纸上;墨梅不需要用鲜艳的颜色讨好人、吸引人,只需散发淡淡的墨香,长留天地。表达了作者不愿媚俗的独立人格理想。画格、诗格、人格在诗中融为一体,字面上是在赞誉梅花,实际上是赞赏诗人的立身之德。

郑燮的《竹石》是一首咏竹诗,诗人所赞颂的是竹的刚毅。"咬定青山不放松,立根原在破岩中"赞美立根于破岩中的劲竹的内在精神。开头一个"咬"字,一字千钧,极为有力,而且形象化,充分表达了劲竹的刚毅性格,再以"不放松"来补足"咬"字,劲竹的个性特征表露无遗,次句中的"破岩"更衬托出劲竹生命力的顽强。"千磨万击还坚劲,任尔东西南北风"进一层写恶劣的客观环境对劲竹的磨练与考验。不管风吹雨打,任凭霜寒雪冻,苍翠的青竹仍然"坚劲",傲然挺立。"千磨万击""东西南北风",极言考验之严酷。这首诗借物喻人,作者通过咏颂立根破岩中的劲竹,含蓄地表达了自己绝不随波逐流的高尚的思想情操。

这些诗文清晰地描述了事物特点与作者品格的相似之处,让读者清楚地认识到借物要说明什么,赞誉怎样的人;运用借物喻人的手法使得文章立意更深远,表情达意更含蓄,文章的表现力和感染力也得以增强。

学子慧言

_____

_____

_____

_____

📖 **参考文献：**

［1］顾超群."一片冰心"共"明月"——比较视域下《芙蓉楼送辛渐》阅读教学谈［J］.语文天地,2021.

［2］徐建.古诗的声韵美之《芙蓉楼送辛渐》［J］.中华活页文选:小学版,2013(05):53-56.

［3］任元彬.从"意象"统计和分析看王昌龄诗的风格［J］.修辞学习,1998(03):44-45.

［4］姚丽娟.浅析唐朝边塞诗审美风格的变迁［J］.西部学刊,2021(4):139-142.

［5］胡欣育.中国"情"文化影响下的古代送别诗［J］.现代语文(文学研究版),2007(08):111-112.

［6］卢桂枝.以《芙蓉楼送辛渐》为例浅谈古代送别诗的教学方法［J］.课程教育研究,2018(39):50.

［7］李世琦评注.中国古典诗词精华类编(述志卷)［M］.呼和浩特:内蒙古大学出版社,1996.01.第224-225页.

［8］钟霞梅.分门别类学古诗 整体把握得高分［J］.语文教学与研究,2004(08):20.

自 我 检 测

一、知识掌握

1. 王昌龄字_____,河东晋阳人。_____朝著名诗人。著名_____诗人,后被誉为"_____"。( )

A. 少伯 宋朝 边塞 七绝圣手

B. 少仲 唐朝 送别 五古圣手

C. 少伯 宋朝 边塞 七绝圣手

D. 少伯 唐朝 边塞 七绝圣手

2. 解释加点字。

寒雨连江夜入吴,平明送客楚山孤。

连：_____ 孤：_____

3.《芙蓉楼送辛渐》一诗中作者通过_____、_____、_____等意象来表现作者与友人离别时的孤独与寂寞。诗中提到的"玉壶"指的是( )。

A. 盛酒的器具 B. 玉制的壶形佩饰 C. 高洁的品行

二、语言品味

1. 诗句"寒雨连江夜入吴"中,"连江"一词让你感受到了夜雨中怎样的画面?

2. 说说"寒雨连江夜入吴,平明送客楚山孤"这句诗描绘了作者怎样的处境?

3. 王昌龄为什么要用"冰心""玉壶"来表达自己的志向？

三、文化理解

1. "玉壶"在本文中的意象正确理解为(　　)。

　　A. 取"玉壶"之美好的形象,营造一种雅致的景象

　　B. 取敬老、表功之意,表达作者向往功名之心

　　C. 取高洁胸怀之意,托物言志

2. "冰心"在本文中的意象正确理解为(　　)。

　　A. 晶莹明亮,透明纯净

　　B. 心地纯洁、表里如一

　　C. 聪慧伶俐,睿智敏锐

3. 诗人选择以"寒雨连江"来描绘夜雨,是为了(　　)。

　　A. 表现夜雨之大,道路难行

　　B. 表现寒意弥漫在满江烟雨之中

　　C. 表达离别友人时诗人心中的孤寂

四、学习评价

	自我评价	
知识掌握	第一题	☆
	第二题	☆☆
	第三题	☆☆☆☆
	教师评价	
语言品味	第一题	☆☆☆
	第二题	☆☆☆
	第三题	☆☆☆
	自我评价	
文化理解	第一题	☆
	第二题	☆
	第三题	☆

评价标准:对应"自我检测"的三大类,答对一个空格得一星。

(邓博心)

黄鹤楼①送孟浩然之②广陵③

[唐]李 白

故人④西辞⑤黄鹤楼，

烟花⑥三月下⑦扬州。

孤帆远影碧空尽⑧，

唯⑨见长江天际流。

注释

① 黄鹤楼:位于湖北省武汉市武昌区,古代四大名楼之一。原楼已毁,现存楼为1985年修建。

② 之:去、到达。

③ 广陵:现在的扬州。

④ 故人:老朋友,指孟浩然。

⑤ 辞:告别。

⑥ 烟花:形容春天薄雾霭霭、柳絮如烟、鲜花掩映的景物,指艳丽的春景。

⑦ 下:顺流向下而行。

⑧ 尽:尽头,消失。

⑨ 唯:只。

诗歌大意：

老朋友告别了黄鹤楼向东而去，
在烟花如织的三月，前往扬州。
帆影渐渐消失于水天相接之处，
只看见滚滚长江水在天边奔流。

 学习目标

1. 借助注释，了解"之""西辞""下""尽""唯"等字词的意思。

2. 根据本诗的内容，通过想象，用自己的语言描绘出诗人送别好友的场景。

3. 通过绘画，展现诗歌描述的场景，更进一步体会诗人与朋友之间的深厚情谊。

学习过程

一、学前准备

1. 朗读古诗，注意诗句停顿。

2. 结合注释，了解诗句意思。

二、熟读成诵

1. 诵读。

（1）熟读全诗，了解字义。

（2）借助注释，知晓诗句大意。

2. 背诵。

三、合作学习

1. 以小组为单位合作学习。

（1）阅读资源包中的"学习资料"。

（2）以小组为单位，讨论以下两个问题：

① 找出古诗哪几句叙述了送别之事，哪几句写了诗人送别时看到的景色。

② 诗中提到了"孤帆"，是不是长江上只有这一艘小船呢？

2. 完成自测。

四、诗画创作

1. 在教师指导下，结合古诗内容与学习资料，小组讨论古诗呈现的场景及人物特点，确定绘画内容。

2. 结合场景及人物特点，绘制特定的场景和符合时代特征的人物。

3. 以小组为单位交流诗画创作，结束后对自己的画作进行修改。

4. 评一评。

		评价标准	自我评价	小组评价	教师评价
情境表演	情景构建	☆能正确画出符合诗歌内容的场景	☆☆☆	☆☆☆	☆☆☆
		☆☆能正确画出符合诗歌内容的场景及人物特征			
		☆☆☆能正确画出符合诗歌内容的场景及人物特征，呈现黄鹤楼和扬州的地理位置			
	人物演绎	☆人物形象符合时代特征	☆☆☆	☆☆☆	☆☆☆
		☆☆结合诗歌内容绘制人物形象，使其符合时代背景			
		☆☆☆结合诗歌内容绘制人物形象，使其符合时代背景，通过神态、动作展现人物特点			
	情感表达	☆能基本表现出人物的不舍之情	☆☆☆	☆☆☆	☆☆☆
		☆☆能具体通过人物的表情、动作等细节表现出不舍之情			
		☆☆☆结合场景，适当补充人物细节，以突出诗人送别时内心的不舍			

附学习资料

师者感言

　　李白与孟浩然是唐代诗坛的至交好友,他们之间的交往,始于李白刚离开四川不久,正是年轻快意、畅想未来之时。而孟浩然这时早已凭借自己的诗篇名满天下。李白敬佩他的满腔诗意,也仰慕他陶醉于山水之间的自在畅快,两人情趣相投,结交为好友。

　　在送别好友孟浩然之际,李白挥笔写下了脍炙人口的《黄鹤楼送孟浩然之广陵》。其中,"故人西辞黄鹤楼,烟花三月下扬州"两句交代了在繁花似锦的春天,诗人李白在黄鹤楼送别老朋友孟浩然,而好朋友要去往的是黄鹤楼以东的扬州。短短两句,语言简洁清丽,读来朗朗上口,韵味悠长。

说文解字

✍ 字形演变

| 甲骨文 | 金文 | 小篆 | 隶书 | 楷书 |

✍ 意义表达

　　"尽"是会意字。甲骨文上为手拿着炊帚,下为器皿,表示刷洗食器。金文与甲骨文相似。小篆从皿从会意。隶变后楷书写作"盡"。汉字简化后写作"尽"。

　　《说文·皿部》:"盡,器中空也。从皿,声。"(盡,器物中空。从皿,声。)

　　"尽"的本义为器皿中空。引申指完、没有了。如李商隐《无题》:"春蚕到死丝方尽。"又引申指全部拿出、竭力做到。如"尽心尽力"。又引申指达到极点。如成语"山穷水尽"。用作副词,表示统括某个范围的全部,相当于"完全"、"都"。

诗海撷英

山回路转不见君，雪上空留马行处。　　　　——岑参《白雪歌送武判官归京》

劝君更尽一杯酒，西出阳关无故人。　　　　　　——王维《送元二使安西》

桃花潭水深千尺，不及汪伦送我情。　　　　　　　　——李白《赠汪伦》

洛阳亲友如相问，一片冰心在玉壶。　　　　——王昌龄《芙蓉楼送辛渐》

析情赏文

王维的《送元二使安西》是饱含温柔深情的送别，王勃的《送杜少府之任蜀川》是充满少年意气的离别，而《黄鹤楼送孟浩然之广陵》却不同于这两首离别诗，它别具一格，是一种充满诗意的离别，尤其前两句流传千古，为后人津津乐道。

"故人西辞黄鹤楼"，这一句与诗题相应，点明了送别地点——黄鹤楼。黄鹤楼在传说中是仙人飞升之处，充满浪漫主义色彩，自古又是文人墨客流连聚会之所，因此一提到黄鹤楼，就让人联想到饱含诗意的生活情趣。

"烟花三月下扬州"一句，为春天的送别渲染了迷蒙的春景，更增添了离别之际的诗意氛围。三月是春季伊始，百花争奇斗艳，一派生机，而此时的长江下游，正是繁华闹市。这一句不仅展现了春季的迷人之景，更烘托了当时的时代氛围。这句诗文字绮丽，意境优美，被誉为"千古丽句"。

"孤帆远影碧空尽"，写的是诗人李白把孟浩然送上远去的船，船已逐渐消失在眼前，但李白仍伫立江边，目送着船的残影，甚至已经看不到船了，李白还静立江边，极目远眺，时间随江水一起流逝，李白才注意到原来眼前只有一江浩瀚的江水流向远处，这真是一个充满诗意的小细节。

"唯见长江天际流"一句，写的是诗人眼前所见之景，却又饱含深意。承载着诗意的注目，将李白对朋友的一片深情隐匿于一江浩浩荡荡的春水之中。

这一场李白与孟浩然之间的离别极富诗意，在富有传奇色彩的黄鹤楼和绚烂春景中饯别，于浩瀚江水边极目远眺船只的消失，心随江水动，带走离别意。

知人论世

❧ 作者生平

李白（701—762），字太白，号青莲居士，是屈原之后中国最具个性特色的浪漫主义诗人。有"诗仙"之美誉，与杜甫并称"李杜"。为了与李商隐与杜牧的"小李杜"有所区别，杜甫与李白又合称"大李杜"。其诗多是抒情诗，表现出对权贵的蔑视，对生活在水深火热中的百姓的深切同情，除此之外，李白极其欣赏鬼斧神工的自然景观,时常在诗中歌颂祖国的壮丽山河。

李白的诗歌想象奇特,诗风豪放,语言瑰丽,善于引用神话传说和民间故事素材,因而他的诗歌带有璀璨绮丽的色彩,达到了盛唐诗歌艺术的巅峰。李白存世诗文千余篇,有《李太白集》三十卷。

逸闻轶事

铁杵成针

唐代大诗人李白小的时候很贪玩,不爱学习。他的父亲为了让他成材,就把他送到学堂去读书,可是,那些经史、诸子百家的书很不好学,李白学起来很困难,就更加不愿意学了,有时候还偷偷跑出学堂去玩。

有一天,李白没有上学,跑到一条小河边去玩。忽然他看见一位老婆婆坐在溪边的石头上,正吃力地磨着一根粗粗的铁棒。李白走过去问道:"老婆婆,您在干什么呀?""我想把它磨成一根绣花针。"老婆婆没有抬头,她一边磨一边回答。"把这么粗的铁棍磨成细细的绣花针?这什么时候能磨成啊!"李白脱口而出。而老婆婆这时抬起头,停下手,亲切地对李白说:"孩子,铁棒虽粗,可挡不住我天天磨,滴水能穿石,难道铁棒就不能磨成针吗?"

李白听了老婆婆的话,很受感动,心想:是呀,做事只要有恒心,不怕困难,天天坚持做,什么事都能做好。读书不也是一样吗?李白转身跑回学堂。从此以后,他刻苦读书,历代诗词歌赋,诸子百家,他见到就读,终于成为一名著名的诗人。

注:磨针溪,在眉州象耳山下。世传李太白读书山中,未成,弃去。过小溪,逢老媪方磨铁杵,问之,曰:"欲作针。"太白感其意,还卒业。媪自言姓武。今溪旁有武氏岩。

创作背景

《黄鹤楼送孟浩然之广陵》是李白出蜀壮游期间的作品。

李白一生钟情大自然的绮丽风光,喜好结交好友。他"一生好入名山游",在飘泊和漫游中度过一生,足迹遍布中原内外,写出了许多吟咏自然绮丽风光、歌咏真挚友情的诗歌。

唐玄宗开元十五年(727 年),李白东游归来,至湖北安陆,年已二十七岁。他在安陆住了有十年之久,大部分时间都是以诗酒会友,在外游历,就是他所说的"酒隐安陆,蹉跎十年"。也是在此期间,李白结识了孟浩然。孟浩然比李白年长十二岁,但是二人一见如故,结交为好友。

开元十八年(730年)三月,李白得知孟浩然要去广陵,便托人带信,约孟浩然在江夏(今武汉市武昌区)相会,为好友孟浩然饯别。几天后,孟浩然乘船前往扬州,李白亲自送到江边,于送别之际写下了这首流传千古的《黄鹤楼送孟浩然之广陵》。

知物谈艺

✿ 黄鹤楼

黄鹤楼是古迹名胜之一,传说是仙人飞升的地方,充满神秘色彩。

黄鹤楼名字的由来有两种说法,分别是"因仙""因山"。

因仙说有两种。一说是曾有仙人驾鹤经此,遂得此名。一说是曾有道士在此地辛氏酒楼的墙上画了一只会跳舞的黄鹤,店家生意因此大为兴隆;十年后道士重来,用笛声招下黄鹤,乘鹤飞去,辛氏遂出资建楼,称黄鹤楼。

历代考证认为,黄鹤楼得名是因为它的地理位置,由于建在黄鹄山上,而在古代,"鹄"和"鹤"二字一音之转,互为通用,因此得名。因为黄鹤楼享誉天下,它成为许多古代文人歌咏的对象。著名诗人孟浩然、王维、白居易、刘禹锡、贾岛、陆游、范成大都留下了关于黄鹤楼的精彩篇章。

据《李白年谱》记录,李白一生曾三次登上黄鹤楼,他笔下与黄鹤楼有关的名句给后人留下了非常深刻的印象,黄鹤楼也因诗作而得名,后与岳阳楼、滕王阁、鹳雀楼并称"四大名楼"。

✿ 烟花

烟花意象早在南梁时期,便出现在诗中,如沈约《伤春诗》"年芳被禁簠(yù),烟华绕层曲"。在此诗之中"烟华"("华"通"花"字)是指烟雾缭绕中的花朵。可以看出,这是最为简单的词意解释,烟花的这一含义,也一直被后人运用,如清代一首《西湖春晓》有"十里寒塘路,烟花一半醒"之句。

唐朝时期,"烟花"这个意象的运用已经非常普遍,并且从沈约诗中的"烟花"延伸出了"美丽的春景"之意。如杜甫《泛江送客》中的"烟花山际重,舟楫浪前轻"便是写的泛舟江上时所看到的春天两岸繁花似锦的景象。

✿ 长江

长江作为重要的交通要道,见证了人间的许多离别场景,诗人喜欢借助长江意象来表达依依惜别之情;安史之乱后,许多诗人南下,借长江意象抒思乡之情、政治失意之悲及忧国忧民的情怀,它显示了中华民族达观、诗意、浪漫而又深邃的一面。

　　"日日思君不见君,共饮长江水"写出了隔绝中的永恒的爱恋,给人以江水长流情长的感受;

　　"长江悲已滞,万里念将归"抒发了作者久滞异地,渴望早日回乡的思想感情;

　　"无边落木萧萧下,不尽长江滚滚来"揭示了诗人郁郁不得志的愁苦之情。秋之深衬托出诗人思而不得的愁,如江水的绵长深厚,令人潸然泪下。

　　"人生代代无穷已,江月年年只相似。不知江月待何人,但见长江送流水"着力描写离人相思之情以及对人生哲理、宇宙奥秘的沉思遐想。

延展阅读

隐鹿门山

　　盛唐时代,诗人辈出,相熟的文人之间以诗酒相交,携手笑谈,互为知己。"诗仙"李白一生交游广泛,结识了不少英雄豪杰和文人墨客,其中仰慕他的人可以说是数不胜数。但高唱着"我本楚狂人,凤歌笑孔丘"的狂放"诗仙"李白也有自己仰慕的人,那就是孟浩然。李白曾写下"吾爱孟夫子,风流天下闻",直抒胸臆地表达对孟浩然潇洒风度和卓然文采的敬爱。

　　孟浩然,湖北襄阳名士,起初隐居鹿门山,喜自然山水之景,爱好泛舟湖上,"我家南渡头,惯习野人舟"一句正展现了他的此般性情。

　　从涧南园到鹿门山,有近二十里的水程;从鹿门山到襄阳城,有三十里的水程,泛舟往返非常便利,孟浩然也十分享受泛舟湖上的惬意。

　　东汉末年,习郁建了习家池,是他的私人园林,即我们现在常称的"别墅"。习郁喜好自然山水情趣,因此他的园林充满了大自然的风情。宜城、鹿门山、习家池三处构成了一条游山玩水的最佳路径。泛舟湖上,自宜城出发,到达鹿门山,可享登山之趣,欣赏山林之景,也可去寺庙祭拜,再经鱼梁洲到凤林山下,上岸后即可到达习家池,尽享园林之美,最后自习家池泛舟回到宜城,沿途皆是自然风光。孟浩然就在这如诗如画的大自然中感受山水情趣,享受田园生活带给自己的惬意,独享属于自己内心的一片宁静。

泪别汪伦

　　李白诗风豪放,喜好大自然的绮丽风光,游览名山大川对他来说是一大快事,他多次漫游黄河上下以及长江南北,写下了不少赞美大自然的名篇佳句。在祖国辽阔的领土上,李白的足迹几乎遍布其中。在李白眼中,大自然的一切都充满生机活力。无论是叽叽喳喳的快乐小鸟,还是山清水秀的自然风光,对李白来说都充满吸引力。因此,李白时常去各处游山玩水。

一天,他收到了汪伦的一封邀请信,信中写道:"先生喜欢游玩吗? 我们这里有十里桃花。先生喜欢喝酒吗? 我们这里有万家酒店。请您来我们皖南泾县吧。"这样的邀请对于喜好各处游玩的李白来说太有吸引力了,他即刻向信中提到的皖南泾县出发。

待李白到达皖南泾县后,他目之所及,并未见到十里桃花和万家酒店,正当他郁闷之际,一位村民打扮的人向他走来,高兴地说:"李白先生,我是汪伦,真是十分荣幸能见到您,感谢您接受邀请到来。我信中提到的十里桃花是指村庄十里之外有个桃花潭,万家酒店是一家姓万的人开的酒店。"李白听完哈哈大笑,二人很快熟络起来,成了朋友。

李白在汪伦的盛情邀请下,在汪伦家中居住了一段时间。汪伦不仅准备了丰盛的饭菜,还将自己酿造的好酒拿出来共饮。李白在汪伦家住得很愉快。之后,他又去拜访了几个住在附近的朋友,后因有事在身,得先行离去。李白怕给汪伦增添麻烦,因而并未告别,准备独身离去。

谁知,就在船只即将前行之时,汪伦赶到,和村庄里的乡亲们手拉手,围成一圈为李白送行,只见他们一边吟咏歌唱,一边用脚踏出节奏。李白又惊又喜,他没想到汪伦会带着乡亲们特地赶来为自己送行,此情此景,让他十分感动。就这样,他写下了《赠汪伦》这首名篇,后两句"桃花潭水深千尺,不及汪伦送我情"。流传广泛,意思是"桃花潭的水就算有几千尺深,也比不上汪伦来送我的情谊深啊!"

学子慧言

参考文献

[1] 许慎.说文解字注[M].上海:上海古籍出版社,1981.

[2] 郭响.孟浩然隐居鹿门山[J].民间传奇故事,2019(19):1.

[3] 常佩雨.兴酣落笔摇五岳,诗成笑傲凌沧洲——李白《江上吟》鉴赏[J].中学生阅读:初

中读写,2017(7):2.

[4] 张芹.从《黄鹤楼送孟浩然之广陵》解读旅游文学渊源[J].芒种,2013(10):2.

[5] 佚名.黄鹤楼以中国古代"四大名楼"之一"天下第一名楼""天下绝景"耀升了其地名华彩[J].中国地名,2012(06):36-39.

[6] 令怡."烟花"何解[J].小学语文教师,2007.

[7] 秦妙.唐诗中的长江意象研究[D].广州:暨南大学,2014.

[8] 铁杵成针[J].小学阅读指南(高年级版),2022(4):54.

[9] 李园.孟浩然及其诗歌研究[D].南京:南京师范大学,2007.

[10] 泪别汪伦[J].作文通讯(个性阅读版),2011(6):47.

[11] 梅莉.军事哨楼　游宴场所　城市地标——黄鹤楼历史文化意蕴探寻[J].华中师范大学学报(人文社会科学版),2014,53(06):127-139.

自 我 检 测

一、知识掌握

1. 李白字_____,号_____,是屈原之后最具个性特色的_____诗人。有"_____"之美誉,与_____并称"大李杜"。(　　)

　　A. 太白　青莲居士　浪漫主义　诗仙　杜甫

　　B. 务观　东坡居士　浪漫主义　诗仙　杜牧

　　C. 太白　青莲居士　现实主义　诗圣　杜甫

　　D. 务观　东坡居士　现实主义　诗圣　杜牧

2. 解释加点字。

　　孤帆远影碧空尽,唯见长江天际流。

　　尽:_____　　　唯:_____

3. 《黄鹤楼送孟浩然之广陵》中的黄鹤楼位于_____,是我国的"四大名楼"之一,其他三座分别是江西南昌的_____、湖南岳阳的_____和山西运城的_____。

二、语言品味

1. "故人西辞黄鹤楼"一句中的"故人",透露了孟浩然是诗人好友,你还能从其他字词中获知哪些信息?

2. 请用几句话来介绍一下"烟花三月下扬州"这句诗描写的画面。

3. "孤帆远影碧空尽,唯见长江天际流"这两句诗仅仅是在写景吗?说说你的理解。

三、文化理解

1. "烟花"在诗句"烟花三月下扬州"中意象正确理解为(　　)。

    A. 美好的烟火

    B. 艳丽的春景

    C. 轻飞的柳絮

2. 诗句"孤帆远影碧空尽"中的"孤帆"表现了诗人怎样的心情?(　　)。

    A. 离别忧愁

    B. 孤独寂寞

    C. 忧愁苦闷

3. "送别"是古诗词中常见的主题,以下诗句中,不能体现这一主题的是(　　)。

    A. 劝君更尽一杯酒,西出阳关无故人

    B. 遥知兄弟登高处,遍插茱萸少一人

    C. 莫愁前路无知己,天下谁人不识君

四、学习评价

	自我评价	
知识掌握	第一题	☆
	第二题	☆☆
	第三题	☆☆☆☆
	教师评价	
语言品味	第一题	☆☆☆
	第二题	☆☆☆
	第三题	☆☆☆
	自我评价	
文化理解	第一题	☆
	第二题	☆
	第三题	☆

评价标准:对应"自我检测"的三大类,答对一个空格得一星。

(江　岚)

第五篇　稚子欢歌

　　玩是孩子的天性,更是天真烂漫的童年最美的回忆,即使沉郁如杜甫,也有"庭前八月梨枣熟,一日上树能千回"的快意时光。放歌的牧童、追蝶的儿童、弄冰的稚子……细细品读诗人笔下一个个生动画面,仿佛诗中的人物便是曾经充满童真、无忧无虑的自己。

所　见^①

[清]袁　枚

牧童^②骑黄牛^③，

歌声振^④林樾^⑤。

意欲^⑥捕鸣^⑦蝉，

忽然闭口^⑧立。

注释

① 所见:写诗人所看见的事物。

② 牧童:这里指放牛的孩子。

③ 黄牛:牛的一种,毛多呈黄色,也有黑色或红棕色,能耕地拉车,体型比水牛小。

④ 振:振荡;回荡。说明牧童的歌声嘹亮。

⑤ 林樾(yuè):指道路两旁成荫的树林。樾,树阴。

⑥ 意欲:想要,打算。

⑦ 鸣:叫。

⑧ 闭口:闭上嘴巴,这里指停止唱歌。

> **诗歌大意:**
>
> 放牛娃骑在黄牛的背上,
> 嘹亮的歌声在林中回荡。
> 放牛娃想捕捉树上鸣叫的知了,
> 就马上一声不响地站立在树旁。

 学习目标

1. 借助注释了解诗句的意思,想象画面,说出诗中所描绘的景象。

2. 理解"振"的意思,感受牧童嘹亮的歌声在树林里回荡的欢脱之乐;能理解"忽然"的意思,感受牧童发现树上鸣蝉时的惊喜心情和机警的性格。

3. 体会古诗描绘的优美静谧的田园风光,感受牧童天真烂漫、活泼可爱的形象。

4. 通过表演创作,在感受"歌声振林樾"与"忽然闭口立"之动作、神态对比的过程中,体会牧童的纯真。

学习过程

一、学习准备

1. 听录音,跟读古诗。

2. 紧扣诗题,了解诗句大意。

二、熟读成诵

1. 诵读。

(1) 读准字音,注意停顿,在通读的基础上了解字义。

(2) 和小伙伴一起读一读,说说自己对诗句的理解或提出自己的疑惑。

2. 背诵。

三、自主学习

1. 以小组为单位,借助资源包中的"学习资料"进行自主学习。

（1）阅读"学习资料"。

（2）以小组为单位，讨论以下两个问题：

① "歌声振林樾"中的"振"是什么意思？这句诗描写了怎样的画面？

② 从"忽然闭口立"中的"忽然"一词，你觉得牧童是一个怎样的孩子？

2. 完成自测。

四、情境表演

1. 指导理解"歌声振林樾"中"振"的含义，关注牧童歌声之嘹亮、放牛之欢脱。

2. 指导理解"忽然闭口立"中"忽然"的意思，引导学生通过动作、神态来表现牧童发现树上鸣蝉时的惊喜心情以及他机警的性格。

3. 指导"忽然闭口立"中"立"的动作、神态。

4. 以小组为单位进行情境表演。

5. 评一评。

		评价标准	自我评价	小组评价	教师评价
情境表演	情景构建	☆能基本了解古诗背景	☆☆☆	☆☆☆	☆☆☆
		☆☆能准确了解古诗背景			
		☆☆☆能准确了解古诗背景并将其融入表演			
	人物演绎	☆能准确地表现人物特点	☆☆☆	☆☆☆	☆☆☆
		☆☆能通过动作、神态、语言等表现人物特点			
		☆☆☆能入情入境地通过动作、神态、语言等表现人物特点			
	情感表达	☆能准确地表现人物情感	☆☆☆	☆☆☆	☆☆☆
		☆☆能较自然地准确表现人物情感			
		☆☆☆能关注细节、传神地表现人物情感			

📁 附学习资料

师者感言

《所见》是清代文学家袁枚创作的一首五言绝句。这首诗描绘的是诗人在旅途中偶然看见牧童骑牛唱歌、准备捕捉知了的一件小事。作者通过对牧童的动作、神态变化的细致描写，为我们展现了一位天真活泼、机智灵活、热爱大自然的牧童。

整首诗描绘了林中牧童纯真无邪的画面，表达了作者对田园风光的喜爱之情。这首诗写出了"意欲捕鸣蝉"的情趣。在学习过程中，我们可以通过反复朗读，在朗读中理解，在背诵中表演，从而体会诗歌的韵味和美好意境。

说文解字

✎ 字形演变

甲 商 西周 西周 西周《说文》小篆秦 秦 汉 汉 楷体 楷体

✎ 意义表达

会意字。甲骨文（图1、2）中的"见"字，下部像一个跪坐的人，上部用一只特别强调的横放的大眼（"目"）来表示平视前方。"见"的本义就是眼睛向前平视。西周早期金文（图3）仍然保持着甲骨文"见"字的写法。从西周中期金文（图4）开始，"见"字下边所从的人形已经变形，但上部所从之"目"仍然很象形。到了西周晚期金文中的"见"字（图5）已经变为与秦汉篆文相近，眼睛变成了斜竖形，人的形体也变成垂手站姿了，《说文解字》小篆"见"字正是从这一形体而来。以后，汉隶以小篆为基文，进一步将"目"下的人形写作"儿"，由此发展成楷书。汉字简化时又根据草书将"見"简化为"见"。在古代汉语里，"见"的意思主要有下几个：

（1）看到。如《礼记·大学》："心不在焉，视而不见，听而不闻。"

（2）拜会、访问。如《左传·庄公十年》："十年春，齐师伐我。公将战。曹刿请见。"

（3）观察；知道；了解。如蒲松龄《聊斋志异·罗刹海市》："归养双亲，见君之孝。"

（4）比试；较量。如《西游记》第八五回："我且回去，照顾猪八戒，教他来先与这妖精见一仗。"

（5）希望；打算。如杜甫《石犀行》："但见元气常调和，自免洪涛恣凋瘵。"

（6）对事物的观察、认识、理解。如《晋书·王浑传》："私慕鲁女存国之志，敢陈愚见，触犯天威。"

诗海撷英

儿童散学归来早，忙趁东风放纸鸢。　　　　　　　——高鼎《村居》

蓬头稚子学垂纶，侧坐莓苔草映身。　　　　　　——胡令能《小儿垂钓》

稚子金盆脱晓冰，彩丝穿取当银钲。　　　　　　——杨万里《稚子弄冰》

大儿锄豆溪东，中儿正织鸡笼。最喜小儿亡赖，溪头卧剥莲蓬。

——辛弃疾《清平乐·村居》

析情赏文

这首诗描绘的是一幅充满童趣的生活画面。诗人先写小牧童的动态，坐在牛背上大声歌唱，再写小牧童的静态，屏住呼吸，眼望鸣蝉的样子，一动一静，既突然又自然，把小牧童的天真烂漫刻画得活灵活现。

"牧童骑黄牛"，诗句如他所描写的生活一样朴素无华。当然，我们也可以想象，那"黄牛"一边缓缓地走动，一边不停地啃着青草，不紧不慢，津津有味，是牛的惬意，使得牧童心舒意畅呢，还是那好玩的孩子想招来嬉戏的伙伴呢？亦或是坐上牛背便想歌唱的习惯所致呢？还是……诗人没有说，我们也说不出，但这无关紧要。

"歌声振林樾"，只见牧童放开嗓门，唱了一曲又一曲。舞台是天然的，演唱是随心所欲的，歌声更是无拘无束的，穿过树林，飘向四野。这田野牧歌的诗味，天然开阔的境界，实在令人心旷神怡。

突然，歌声骤止，这突如其来的"静"使得诗人为之惊讶、注目。大家可以想象下，首先映入诗人眼中的应该是牧童跃下牛背，闭口而立的身态，而后再从那眼神、举止中领悟出牧童原来是"意欲捕鸣蝉"啊。现在把两句加以颠倒，其用意何在呢？

第一，这样描写是从人物本身思与行的内在关系出发，先有所思，后有所行，显得真实自然而又合乎逻辑；第二，还有体裁特点与艺术效果的需要。五绝，是最小的诗体，前不得枝蔓，后不得拖沓，也不能一览无余，一读即了。比如这首诗，"牧童骑黄牛"，开门见山，直书"所见"，结句"忽然闭口立"，更加精彩，因为它摄下了"最富包孕性的顷刻"。因此，虽是戛然而止，却余味不尽。这种构思与表现正是前人所总结的"急起急收,而含蕴不尽,五绝之最胜者"①。称赞这个结句固然是有道理的。

当然,我们也不能忽视第三句。因为只有先点出"意欲捕鸣蝉",那小心翼翼、悄然而立、声息不张、四处搜寻、紧张专注的神情、气氛,才能立即浮现在读者眼前,而且这一切还只是"捕"的前奏,那突然"偷袭"的场面,那"胜"的欢快,或者是"败"的懊丧,也都自然地成了读者想象和关心的下一幕的情节。可见诗的第三句,不仅为结句描绘的行为提供了心理依据,更为"包孕"的内涵作了定向的暗示。这就是第三句亦不可忽视的原因。

袁枚作诗、论诗都很讲究"真",他说:"诗难其真也。"(《随园诗话》)这首诗中的"牧童"确实写得很真,很真。你看那牧童想唱就唱,说停便停,兴之所至,行即随之,声、寂、动、静、无遮无掩,一派天真稚气毫无保留地流注其中,显露于外,字字"不隔",形神俱现。可以说《所见》虽小,却是诗人创作理论的一个生动而成功的体现。②

知人论世

作者生平

袁枚(1716—1798),清朝诗人、诗论家,字子才,号简斋,晚年自号仓山居士、随园主人。乾隆四年(1739 年)进士,历任溧水、江宁等县知县,有政绩,四十岁即告归。嘉庆二年(1798 年),袁枚去世,享年 82 岁,去世后葬在南京百步坡,世称"随园先生"。

袁枚倡导"性灵说",主张诗文审美创作应该抒写性灵,要写出诗人的个性,表现其个人生活遭际中的真情实感。其文自成一家,与纪晓岚齐名,时称"南袁北纪"。主要著作有《小仓山房集》《随园诗话》等。

逸闻轶事

袁枚与《随园食单》

袁枚则处于清朝盛世,各民族饮食文化融合,其家境也宽裕和稳定,因而有条件讲究饮食,并提出色、香、味、形等要求。但他又抨击当时浮华的饮食风气,提出饮食要实惠节俭。作为一位美食家,《随园食单》是袁枚饮食思想的产物,以随笔的形式,记录 40 年美食实践,描摹江浙地区的饮食状况与烹饪技术,用

---

① 语出《删订唐诗解》。
② 语出《元明清名诗鉴赏》。

大量的篇幅详细记述了我国 14 世纪至 18 世纪流行的 326 种南北菜肴饭点,也介绍了当时的美酒名茶,是我国清代一部非常重要的饮食名著。《随园食单》出版于 1792 年(乾隆五十七年)。全书分为须知单、戒单、海鲜单、江鲜单、特牲单、杂牲单、羽族单、水族有鳞单、水族无鳞单、杂素单、小菜单、点心单、饭粥单和菜酒单 14 个方面。在须知单中提出了既全且严的 20 个操作要求;在戒单中提出了 14 个注意事项;特牲单介绍了十余种菜肴,涉及猪、牛、羊、鹿、獐、果子狸等牲畜与动物的许多烹饪方法;点心单介绍了面、饼、饺、馄饨、合子、馒头、面茶、粽子、汤团、糕、豆粥等 50 余种点心的做法。

饮食文化史研究者赵荣光给予袁枚以极高评价,他在《我为什么主张以袁枚的诞辰为国际中餐日》一文中提出,从饮食文化的角度看,袁枚有十个第一:

一、他是中国饮食史上的第一号人物,是赢得了海内外至少是亚洲饮食文化界和餐饮界普遍认同的中国古代食圣,是中国历史上最伟大的饮食理论家和最著名的美食家。

二、他是中国历史上第一个公开声明饮食是讲究学问的人。

三、他是中国历史上第一个把饮食作为安身立命,毕生研究并取得了无与伦比成就的人。

四、他是中国历史上第一个为厨师立传的人。

五、他是中国历史上第一个得到社会承认的职业美味鉴评家。

六、他是中国历史上第一个提出系统文明饮食思想的人。袁枚在《随园食单》中明确提出"戒耳餐""戒目食""戒暴殄""戒纵酒""戒强让""戒落套",以及他反对吸烟等一系列文明饮食的观念和主张,如此系统、全面、深刻、鲜明、独到地论述饮食文明,并将中国古代饮食文明认识提高到历史高度的,袁枚堪称是中国历史上第一人。

七、他是中国历史上第一个大力倡导科学饮食的人。袁枚在文明饮食思想的基础之上,又进一步倡导科学合理的饮食原则和良好的饮食行为规范。

八、是中国历史上第一个敢于公开宣称自己"好味"的人。人生食事正是在袁枚手里变成了庄重的学术。

九、他是中国历史上第一个将"鲜味"认定为基本味型的人。袁枚对美味追求的一个突出特点,袁枚食学的一个典型特征,就是他对"鲜味"的独到理解:"味欲其鲜,趣欲其真,人必知此,而后可与论诗。"袁枚和李渔(1611—1679)是中国饮食史上两个讨论鲜味最多也最深刻的饮食理论家和美食家,而袁枚又是继承了李渔且超过了李渔的鲜味论者。

十、他是中国历史上第一个把人生食事提高到享乐艺术高度的人。①

创作背景

袁枚热爱生活,辞官后侨居江宁(今江苏南京),"小住仓山畔,悠悠三十年"(《松下作》),其主张抒写性情,所写多为士大夫的闲情逸致,文风空灵流利,新奇眩目。此诗是诗人在生活中看见一个牧童骑着牛、唱着歌,忽然听到蝉的叫声后停住歌声准备捕捉蝉的这一幕场景后,诗兴大发而作。

知物谈艺

牧童

牧童身披蓑衣、手执短笛、起早贪黑、与牛相伴。他们或群聚嬉闹,或调皮惹祸,虽少不谙事,但背后也有着不为人知的苦楚和无奈,这些牧童有时也成为诗人揭露社会现实的代言者。

可以想见唐诗中的牧童生活的地方或是江南水乡,或是山间人家,多为常下雨的地方。山中之雨说来就来,一种用草或棕毛制成具有防雨、防晒、防寒和防潮功效的蓑衣,就成为牧童放牧时的常备之物。而牧牛生活的单调寂寞,短笛往往也成为他们闲来无事的把玩。那清脆悠扬的短笛声,既可以表达内心的情感,又可以缓解独行的恐惧。

诗人笔下的牧童往往是融入作者理想的诗化的牧童形象:自由自在、无忧无虑、快乐无穷。这些"牧童"形象往往寄寓着诗人的人生理想,与真实生活有一定距离。这些诗化的"牧童"形象逐渐成为一个意象化的符号,承载着中国古代文人"桃花源式"的出世梦想。

蝉

古诗词曲中常见的意象。作为一种生物,蝉从生到死的生命历程十分特别,其幼虫生活在土中可长达数年甚至数十年,之后才会爬上枝头结蛹,破壳而出化为飞蝉,而飞蝉的寿命却十分短暂,抵不过一个夏天。

蝉的生命历程象征着重生,也代表着对生活的无限执着和对信念的奋不顾身,所以在古代葬礼中,人们会把玉蝉放入逝者口中以求庇护和永生。

中国古代文人对蝉似乎总有一种别样的情愫。在他们眼中,蝉性情高洁,不食人间烟火,且有出土蜕变重生等特征,而这些,都与文人们所追求的洁身自

---

① 语出徐兴海、胡付照《中国饮食思想史》。

好、寻找新生的朴素愿望相符。蝉的形象,由此也变得愈发神秘而富于人文色彩。

因此,古代诗歌中有大量关于蝉的篇章。诗人借蝉或表达凄楚哀婉之情,或寄托家国覆亡之恨,或表达孤寂哀痛之伤,或自喻高洁。

延展阅读

八十精神胜少年

"读万卷书,行万里路"①是古代文人一个共同的人生理想,为人率性自由的袁枚也不例外。但是,由于遵循"父母在,不远游"②的信条,年轻时的袁枚一直未能尽情畅游,领略山林之乐;直到他67岁服丧完毕后,才开始了无牵无挂的游历旅行。这一年,他游历了天台山、雁荡山、黄龙山等名山。次年,去了巍峨俊秀的黄山。69岁,袁枚跑得更远,正月出发,到了腊月底才回家。他从江西庐山一路游玩到了广东罗浮山、丹霞山,又转路到广西桂林,之后经永州回返,顺路又游了衡山。

71岁,袁枚去武夷山,73岁游江苏沭阳,77岁二游天台山,79岁三游天台山,80岁又出游吴越之间,即便是到了81岁,他还出游吴江。当时有人称赞他"八十精神胜少年,登山足健踏云烟"。

袁枚品茶

清乾隆年间进士袁枚,一生嗜茶,尤其喜欢品尝各地名茶。他听说武夷岩茶盛名,他立志要亲试其味,于是遍访武夷名山大寺。所到之处,必索武夷岩茶品尝之。然总觉香味平平,因而失望地自语道:"徒有虚名,不过如此。"但对武夷山水风光却大为赞赏。

游玩过程中,得知武夷宫道长品茶造诣高,便决定登门拜访。见面后,袁枚问道长:"陆羽人称茶圣,但他在《茶经》中却没有提到武夷岩茶,不知何故?"道长微笑不答,却把范仲淹的《斗茶歌》给袁枚看。袁枚早已读过,但觉歌词太夸张,脸上不免露出不以为然之色。道长心里明白,道:"据蔡襄考证,陆羽没有来过武夷,故未提及武夷岩茶。足见陆羽著书立说态度严谨,非道听途说者可比。先生如嗜茶,不妨一试老朽饮的茶,如何?"道长说着,持壶在手,满斟一杯,壶小如香橼,杯小像胡桃。

---

① 语出董其昌《画禅室随笔》卷二。
② 语出《论语·里仁》。

袁枚遵照道长指点,持杯在手,先闻其香,再试其味,小口品饮,顿觉口齿留香,舌有余甘,疲劳顿消,精神倍增,确与往日所饮大不一样。于是,他连饮五杯,大叫"好茶"!谢道长曰:"余唯一嗜好饮茶,天下名茶,龙井味太薄,阳羡少余味,武夷岩茶真是名不虚传!来武夷多日,差点失去良机,今领略佳茗,三生有幸!"老道长对袁枚这种事必躬亲的严谨态度也很钦佩。①

学子慧言

📖 参考文献

[1] 冯亦鹤.小学古诗文辞典[M].上海:汉语大词典出版社,1998:229.

[2] 李学勤.字源[M].天津:天津古籍出版社,2013:761.

[3] 陈政.字源谈趣:详说800个常用汉字之由来[M].北京:新世界出版社,2006:221-222.

[4] 高梓信.感动小学生300首古诗词[M].呼和浩特:内蒙古人民出版社,2008:168.

[5] 曾令衡.于质朴中见真性情——读《袁枚》所见[J].湖南教育,1983(12):20.

[6] 毋永利.《古文观止》精选导诗[M].北京:中国民主法制出版社,2012:433.

[7] 肖复兴.小学生必背古诗70首[M].长春:吉林美术出版社,2005:145.

[8] 章月根.学而时习之[M].杭州:浙江大学出版社,2010:9-10.

[9] 李天道,唐君红."性灵说"之"贵情"美学精神及其学理溯源[J].青海师范大学学报:哲学社会科学版,2018(4):99-105.

[10] 太极疗.八十精神胜少年,登山足健踏云烟![EB/OL].搜狐网.(2022-03-30)[2022-04-01]https://www.sohu.com/a/234121547_453736.

[11] 董越.无声字构形历时演变研究——以《通用规范汉字表》一级字为考察范围[D].保定:河北大学,2017.

[12] 张靖华.唐诗中的"牧童"意象[J].内蒙古电大学刊,2014(6):47-49,76.DOI:10.3969/j.issn.1672-3473.2014.06.014.

---

① 语出陈宗懋《中国茶叶大辞典》。

[13] 周秋香.两汉时期墓葬中出土玉璧、玉蝉的研究[D].南昌:江西师范大学,2015.DOI:
    10.7666/d.D661201.

[14] 凌晨.袁枚自律健身四法[J].华夏长寿,1997,(7):8-9.

自 我 检 测

一、知识掌握

1. 袁枚字_____,号_____,今浙江杭州人。_____(朝代)诗人、散文
   家,主要著作有_____。其文自成一家,与纪晓岚齐名,时称"_____"。

2. 解释加点字。

   意欲捕鸣蝉,忽然闭口立。

   意欲:_____   闭口:_____

3. 诗中描写牧童天真活泼、悠然自得及心情愉快的诗句是_____,
   _____。

二、语言品味

1. "歌声振林樾"中"振"字让你感受到了牧童怎样的心情?

2. 说说诗句"意欲捕鸣蝉"所描绘的画面。

3. 牧童"忽然闭口立",你觉得他是怎样"立"着的? 说说你的看法。

三、文化理解

1. 诗句"意欲捕鸣蝉"中的"蝉"在本文中的意象正确理解为(   )。

   A. 蝉的生命历程象征着重生,代表着对生活的无限执着

   B. 用它表达凄楚哀婉之情,或寄托家国覆亡之恨,或表达孤寂哀痛之伤

   C. 蝉居住枝头,食干净的露水,其所喻之洁身自好、崇尚自由。

2. 在这首诗中,"牧童"在诗人笔下形象的理解不正确的是(   )。

   A. 天真可爱

   B. 勤奋好学

   C. 自由自在

3. 《所见》是一首反映儿童生活的诗,以下哪句诗与其主题不一致(   )。

   A. 蓬头稚子学垂纶,侧坐莓苔草映身

   B. 稚子金盆脱晓冰,彩丝穿取当银钲

   C. 千门万户曈曈日,总把新桃换旧符

四、学习评价

知识掌握	自我评价		
	第一题	☆☆☆☆☆	
	第二题	☆☆	
	第三题	☆☆	
语言品味	教师评价		
	第一题	☆☆☆	
	第二题	☆☆☆	
	第三题	☆☆☆	
文化理解	自我评价		
	第一题	☆	
	第二题	☆	
	第三题	☆	

评价标准:对应"自我检测"的三大类,答对一个空格得一星。

（成冯霞）

宿新市①徐公店

[宋]杨万里

篱落②疏疏③一径深④，

树头⑤新绿未成阴⑥。

儿童急走⑦追黄蝶，

飞入菜花无处寻。

注释

① 新市：地名，在今湖南攸县北。

② 篱落：篱笆。乡村房屋、农田等的围栏设施。一般用竹子、树枝等编扎而成。

③ 疏疏：稀疏，稀稀拉拉的样子。

④ 一径深：一条小路延伸向远方。

⑤ 树头：树枝的顶端。

⑥ 未成阴：新叶还没有长得茂盛浓密，没有形成树荫。阴，浓密树叶形成的树荫。

⑦ 走：跑。

诗歌大意：

> 稀稀拉拉的篱笆旁，一条小路绵延着伸向远方。
>
> 枝头刚长出的新叶还没形成树荫。
>
> 孩子们飞快地奔跑着，追捕着飞舞的黄色蝴蝶。
>
> 可蝴蝶飞入菜花丛中后，怎么也找不到它们了。

 学习目标

1. 理解诗中"一径深"是指狭长的小路延伸向远方，"未成阴"是指树叶还没有长得茂密，描写的都是乡村暮春的景色。知道本诗讲述了作者在乡村借宿时的所见所闻，描绘的是一幅春意盎然的景象。

2. 领悟诗中前两句是静态描写，后两句是动态描写，全诗动静结合，情景交融，充满了春的气息。尤其后两句通过"急走""追""寻"等动词的连续运用，儿童捕蝶的画面跃然纸上，天真活泼的形象仿佛就在眼前。

3. 通过画一画的形式，展现诗中所描绘的美丽暮春景色，并展开联想，想象儿童在花丛中捕蝶的快乐，体会诗人对大自然的热爱之情。

4. 根据古诗的内容，用自己的语言写一写诗中的美丽春景及儿童在花丛中捕蝶的快乐。

 学习过程

一、学习准备

1. 积累描写儿童生活的古诗。

2. 看图初读，了解古诗意思。

二、熟读成诵

1. 读准字音，注意停顿，在通读的基础上了解字义。

2. 和同伴分享对诗句的理解。

3. 尝试背诵。

三、自主学习

1. 以小组为单位,借助资源包中的"学习资料"进行合作学习。

(1) 和小伙伴一起诵读,找一找诗中描写了哪些景物。

(2) 阅读"学习资料"。

(3) 以小组为单位,讨论以下两个问题:

① 一、二两句诗中描写了一些农家景物,通过对这些景物的描写,你眼前展现了一幅怎样的画面?

② 从"儿童急走追黄蝶,飞入菜花无处寻"中的"急走""无处寻"两词,你能感受到乡村儿童的哪些特点?

2. 完成自测。

四、情境创作

1. 根据古诗内容,画一画所呈现的场景。

2. 介绍绘画作品的构思。

3. 说一说图中描绘了怎样的乡村生活?

4. 根据诗文内容,发挥想象,用自己的语言写出美丽春景及儿童在花丛中捕蝶的快乐。

5. 评一评。

		评价标准	自我评价	小组评价	教师评价
情境创作	诗词入画	☆绘画景物清晰真实,符合诗中所描绘的情境	☆☆☆	☆☆☆	☆☆☆
		☆☆绘画景物清晰的基础上,色彩搭配,构图合理			
		☆☆☆绘画景物清晰,色彩搭配,构图合理,能描绘儿童扑蝶的天真活泼			
	想象表达	☆描述景物清晰准确,能表现出乡村景物的特征与美好	☆☆☆	☆☆☆	☆☆☆
		☆☆描述清晰,叙述故事生动有趣,能表现出乡村生活的纯朴天真			
		☆☆☆描述清晰,叙述生动,真情流露,发挥想象,畅想美好的乡村生活,表达出对大自然的热爱			

📁 附学习资料

师者感言

　　乡村生活,没有城市的喧嚣与繁华,却简单充实、充满活力,也是古诗文重要的题材之一,象征着诗人对归隐田园的向往与淡泊名利的志趣。

　　诗人杨万里笔下的"篱落疏疏一径深,树头新绿未成阴"让稀稀落落的篱笆、悠长的小径与枝头的新绿一一展现在读者眼前,乡村的宁静与悠然跃然纸上。"儿童急走追黄蝶,飞入菜花无处寻"又将我们带入另一幅画卷,天真的孩童在油菜花丛中奔走,蝴蝶飞过后,儿童们的欢声笑语仿佛就在耳边回响,让人不禁回想起童年的欢乐时光。一静一动间带领我们走进了诗人所热爱的乡村生活。

说文解字

✎ 字形演变

　　　　卯　　　宿　　　宿
　　　　金　　　小篆　　　楷书

✎ 意义表达

　　宿(拼音:sù、xiǔ、xiù)是汉语常用字,本意是夜晚睡觉;由睡觉引申出居住、住宿的地方、夜等含义。又引申为量词,指一夜,这时读为 xiǔ,如一宿。又指天上的星辰,这时读 xiù,如星宿。

　　宿是会意字。始见于商代甲骨文,古字形像人在屋子里,躺在席子上睡觉。金文的各部分与甲骨文相同,有的席子开始变为三角形。小篆把像席子形的部分变为"百"。隶书和楷书将人形写作单人旁"亻";像房子的部分变为"宀",字形也由半包围结构变为上下结构,像席子的部分变为"百",与"百"(bǎi)同形。

诗海撷英

　　稻花乡里说丰年,听取蛙声一片。　　——辛弃疾《西江月·夜行黄沙道中》

采菊东篱下,悠然见南山。　　　　　　　——陶渊明《饮酒》

童孙未解供耕织,也傍桑阴学种瓜。　　——范成大《四时田园杂兴》

绿树村边合,青山郭外斜。　　　　　　——孟浩然《过故人庄》

竹喧归浣女,莲动下渔舟。　　　　　　——王维《山居秋暝》

析情赏文

《宿新市徐公店》一诗运用融情于景、情景交融的写作手法,描写乡村早春的田园风光,情趣别具一格。

第一句诗从描写静态景物入手。篱笆和小路是乡村常见的景物,"篱落"是有一定间隔宽度的,用"疏疏"一词准确地描写了它的状态。正因有了篱笆的间隔,方能透过篱笆看到绵延向远处的小径,这更突出了山路的悠远。稀疏的篱落与窄长的小径互相映衬,视觉角度由近到远,视觉范围由小到大,突出了农村风光的清新与宁静。

第二句诗虽然还是景物描写,但"新绿"一词,写出了暮春时节新叶嫩绿娇美的样子。这时的树叶虽还没有长得茂密,但却从颜色上表现出勃勃生机,展示了乡村悠然、恬静、自然、朴素的风貌。

三、四两句构成乡村儿童嬉戏的画面。"急走"与"追"相结合,展现了儿童那种扑扑打打,跌跌撞撞追蝶的兴奋、欢快场面,反映了儿童们的天真与活泼。黄蝶飞入菜花丛中,自是无处寻找了,可以想象孩子们东张西望、四处搜寻的焦急情态,甚至是搜寻不着时的失望情绪,更表现出孩子的天真和稚气。

本诗通过对春末夏初季节交替时景色的描写,体现出万物勃发的生命力。诗中提到的景物虽然寻常无奇,描写的也都是些乡村百姓的日常生活,但这种情景交融的写作手法成功地刻画出农村恬淡自然、宁静清新的早春风光。

知人论世

❧ 作者生平

杨万里(1127—1206),字廷秀,号诚斋。吉州吉水(今江西省吉水县黄桥乡湴塘村)人。南宋文学家、官员,与陆游、尤袤、范成大并称为南宋"中兴四大诗人"。

绍兴二十四年(1154 年),杨万里举进士,授赣州司户参军。历任国子监博、漳州知州、吏部员外郎秘书监等。在朝廷中,杨万里是主战派人物。绍熙元年(1190 年),借焕章阁学士,为金国贺正旦使接伴使。后出为江东转运副使,反对以铁钱行于江南诸郡，改知赣州，不赴，乞辞官而归，自此闲居乡里。

杨万里的诗自成一家，独具风格，形成对后世影响颇大的"诚斋体"。今存诗4 200余首。

✥ 逸闻轶事

夜饮以白糖嚼梅花

"梅兰菊竹"被称为四君子，咏梅诗是古典诗词最常见的诗体之一。文坛有很多经典咏梅诗，陆游的"零落成泥碾作尘，只有香如故"，王安石的"墙角数枝梅，凌寒独自开"，卢梅坡的"梅须逊雪三分白，雪却输梅一段香"，每一首都美得令人陶醉。

但杨万里的咏梅诗，却与众不同。在一个百无聊赖的夜晚，杨万里持清酒一杯，准备小酌一番，可是却穷得没钱买下酒菜，于是就自创了一个凉拌菜：白糖拌梅花。然后还专门写了首俏皮的咏梅诗，全诗明白如话，句句令人捧腹，有趣更有哲理。且看全诗：

> 剪雪作梅只堪嗅，点蜜如霜新可口。
>
> 一花自可咽一杯，嚼尽寒花几杯酒。
>
> 先生清贫似饥蚊，馋涎流到瘦胫根。
>
> 赣江压糖白於玉，好伴梅花聊当肉。

诗人是爱梅的，因为梅花象征着高洁。一般文人咏梅，都是咏梅形、梅香，但杨万里别出心裁，直接吃梅，这就完成了人与梅思想境界上的融合。从遣词上来看，全诗字字精准，不改诗一贯的幽默本色，句句令人捧腹。

杨万里的诗作，常常只是写生活中的小事。看见儿童们在嬉戏，他能写出千古名句"儿童急走追黄蝶，飞入菜花无处寻"；看见一条渔船，他能写下"一叶渔船两小童，收篙停棹(zhào)坐船中"；看见孩子们在雪地里玩，他能写下"稚子金盆脱晓冰，彩丝穿取当银钲"。生活中种种平凡的小事，都能在他笔下变得很有诗意，这就是杨万里的与众不同。

世人一直在苦苦寻找称得上快乐的日子。杨万里用一首首妙诗告诉我们，生活从来都不缺少美，富也罢，穷也罢，哪怕是穷得没钱买下酒菜了，只要有一双发现美的眼睛，就能把平淡的生活过出别样的滋味来。杨万里总是将生活的乐趣巧妙融入诗歌中，这就是他能被称为一代诗宗的原因之一。

✥ 创作背景

南宋王朝定都临安，康王赵构贪图一时和平，不思收复北方土地，偏安杭州。新市在杭州北边,为京畿(jī)之地,不仅文风鼎盛,还是宋代酿酒中心。杨万里迷恋新市西河口林立的酒楼,痛饮大醉,因此留住在新市徐公店。第二天醒来,看到了恬适的乡村美景和欢快捕蝶的孩子们,因此诗兴大发,写下了这首诗。

知物谈艺

篱落

篱落,即篱笆,又叫栅栏、护栏,是用来保护院子的一种设施,一般都是由木头、棍子、竹子、芦苇、灌木或者石头构成。篱笆还大量地应用在菜园、场院,圈在菜园周围起到挡风作用。含篱笆这一意象的古诗词,基本都是描写田园乡野的恬淡、闲适。

古代多数文人读书的目的是兼济天下,也就是科考入朝做官,诗人也不例外。成功者高官厚禄,仕途得意;失败者毕生褴褛,布衣终老,更多的是一生历经大起大落,数次出仕和归隐。当诗人描摹田园乡野时,多为仕途不顺、归隐一方。远离浮躁喧嚣的官场,诗人们暂时舒展身心,闲适安宁,笔下的诗词没有了壮怀报国的激情和忧国忧民的志向,呈现清新自然、恬淡愉悦的风格。也只有这个时候,诗人才会注意到篱笆这样的意象。

径

径指小路,也是诗歌中常用的描绘乡村田园风光的意象,常用来凸显乡村的宁静与安逸。

例如,《山行》中的"远上寒山石径斜,白云生处有人家",《赠郭道人》中的"苍苔满山径,最喜客来稀",又如《溪居》中所写"门径俯清溪,茅檐古木齐"这几句诗都是描写山中小径的幽静与安宁。

本文中的"一径深"表明山道只有一条,悠长悠长,延伸向远方。悠长的小路上没有人声,宁静而祥和。这样的一条小径是乡村唯一的通路,在这样的小山村中居住,诗人暂时远离了浮躁喧嚣的官场,没有人打扰,独自享受悠闲与宁静。

儿童

"孩童"作为人物意象,也常常出现在很多诗人的作品中,因为其纯净无瑕、天真烂漫、悠游自在,可以让诗人感受到宁静平和、返璞归真的象外之趣。

儿童意象在古诗中的应用主要有两层意思。其一是童真。歌颂童真,表达了诗人对自然本真的生命意趣的向往,感叹人之初生的纯净美。其二是童趣。

刻画活泼、自在和天真无邪的儿童形象,观眼前景忆起幼时事,无奈时过境迁,只能在诗中咏叹少年欢歌。

本诗描绘儿童捕蝶的欢乐场面,将儿童的天真活泼、好奇好胜的神态和心理刻画得惟妙惟肖、跃然纸上,刻画出农村恬淡自然、宁静清新的暮春风光。

延展阅读

清得门如水,贫惟带有金

杨万里是一位爱国者,他力主抗金,反对屈膝议和。在进奏皇帝的书文中,他多次痛陈国家弊病,力排投降的误国之策,爱国之情溢于言表。面对中原沦丧、江山唯余半壁的局面,他写下《千虑策·国势上》:"为天下国家者不能不忘于敌,天下之忧,复有大于此者乎!",以告诫统治者要时刻不忘备敌、御敌。

他既大胆批评孝宗的符离之败,又坚决反对一些人轻易用兵、盲目冒进的做法,主张积极、慎重的策略,稳步进取,先充实国力而后图恢复,以求最终胜利。他还同情劳苦的人民群众,引导人民奋起反抗。因此,他提醒光宗:"节财用、薄赋敛、结民心,民富而后邦宁,兴国之计也。"

杨万里立朝刚正,遇事敢言,指摘时弊,无所顾忌,因而始终不得大用。他一生视仕宦富贵犹如敝履,随时准备唾弃。在做京官时,他就预先准备好了从杭州回家的盘缠,锁置箱中,藏在卧室,又告诫家人不许置物,以免离职回乡行李累赘。这与那些斤斤营求升迁、患得患失之辈形成鲜明对照。杨万里为官清正廉洁,不扰百姓,不贪钱物。江东转运副使任满时,应有余钱万缗,他全弃之于官库,一文不取而归。退休南溪之上,自家老屋一隅,仅避风雨。当时诗人徐玑称赞他"清得门如水,贫惟带有金"(《投杨诚斋》),正是他清贫一生的真实写照。

今日诗坛谁是主,诚斋诗律正施行

杨万里广泛地向前辈学习,但又绝不为前辈所囿,而是立志要超出前辈,别转一路,自成一家,最终形成了独具特色的诗风。他初学江西诗派,重在字句韵律上着意,五十岁以后诗风转变,由师法前人到师法自然,创造了独具特色的"诚斋体"。诚斋体讲究所谓"活法",即善于捕捉稍纵即逝的情趣,用幽默诙谐、平易浅近的语言表达出来。他的"诚斋体"诗,具有新、奇、活、快、风趣幽默的鲜明特点,尤其为人称道。

杨万里一生辗转各地,走到哪里,都不忘结交当地的文人雅士,与他们谈诗论文。做赣州司户时,曾与同在赣州任职的邹和仲往来密切。将他们联系在一起的,是两个人对文学的共同爱好。任零陵丞期间,杨万里曾与张材和唐德明两位诗人交往颇深,以文会友,双方结下了深厚的感情,以至于在杨万里调离零陵任时,大家无不黯然神伤,留下了多首抒发离情别绪的诗作。

杨万里也曾前往长沙,拜访名士张栻。拜访的目的,就是与其切磋文学创作的思想。

杭州,被称为人间天堂,更是文人墨客的天堂和创作源泉。那水天一色、静谧疏朗的美景,不知让多少富有诗情才意的文人流连忘返。在杭州为官的三年,杨万里也被这里的美景迷住了,不仅创作了许多优美的诗作,还与杭州诸多的文人名士相交好,为中国文坛留下了许多佳话。

淳熙十三年(1186 年),大文学家陆游曾到杭州一游,喜好结交文友的杨万里当然不会放过这个与之交流对话的机会,虽然他并不赞同陆游在某些学术思想上的观点,但这并不妨碍其对陆游文学造诣的推崇。两位时代大师级别的文学家一起切磋学问、吟诗赋词,这可算是南宋文坛最高级的峰会了。杨万里与陆游交往密切而恒久,直到其晚年,仍与陆游笔墨往来、互通信息。杨万里晚年有许多诗作,都流露着他们之间的情意。

正是因为杨万里对文学有一颗须臾不可放弃的痴心、一腔不会轻易泯灭的情怀,才有今天杨万里在中国文学史上的地位和成就。

学子慧言

_____

_____

_____

_____

_____

参考文献

[1] 王彤.“知人论世”与小学古诗文教学[J].中华活页文选(教师版),2018(19):57.

[2] 陈星.杨万里诗歌植物意象研究[D].南京:南京师范大学,2016.

[3] 陈植锷.诗歌意象论[M].北京:中国社会科学出版社,1990,6.

[4] 邓建.论宋代诗歌选本的多元丛生与传播效应弱化[J].江汉论坛,2021(10):94 - 98.

[5] 颜庆余.宋代诗歌观念的转变[J].江苏教育学院学报(社会科学),2012(2):123 - 125.

[6] 孙亚敏.杨万里的童趣诗及其儿童观[J].上海师范大学学报(哲学社会科学版),2007

　　　　(3):87-91.

[7] 刘文源.吉安古代名人传[M].南昌:百花洲文艺出版社,1995.

[8] 《意林》图书部.人间四月芳菲尽[M].长春:吉林摄影出版社,2019.

[9] 闫加美.诗中廉事[M].成都:四川大学出版社,2018.

[10] 刘文源.吉安古代名人传[M].南昌:百花洲文艺出版社,1995.

自我检测

一、知识掌握

1. 杨万里字_____,河东晋阳人。_____朝著名诗人。自号_____,与陆游、尤袤、范成大并称为_____。(　　)

　　A. 廷秀　南宋　诚斋野客　"中兴四大诗人"

　　B. 庭秀　宋朝　聊斋野客　"晚兴四大诗人"

　　C. 庭芳　宋朝　诚斋野客　"复兴四大诗人"

　　D. 廷秀　北宋　诚斋居士　"中兴四大诗人"

2. 解释加点字。

　　儿童急走追黄蝶,飞入菜花无处寻。

　　急走:_____　　寻:_____

3. 《宿新市徐公店》一诗中作者通过_____、_____、_____等景物的描写来突出农村的清新与宁静;还通过_____、_____、_____等动作来反映儿童的天真活泼。

二、语言品味

1. 这首诗写的是哪个季节的景? 说说你的理由。

2. 诗句"篱落疏疏一径深,树头新绿未成阴"中,运用了什么描写? 请结合具体景物,说说这样的描写表现出一派怎样的农村景象。

3. 杨万里的诗自成一体,被称为"诚斋体"。诗句"儿童急走追黄蝶,飞入菜花无处寻"让你仿佛看到了怎样的画面? 加上合理的想象,说说儿童在菜花田中扑蝶的情景。

三、文化理解

1. 诗句"树头新绿未成阴"一句中描写了花落后枝头冒出新芽的暮春景象,这一景象在古诗中常反映(　　)。

　　A. 春季万物生长,旺盛的生命力

B. 对落花的眷恋惋惜之情

C. 点明作者游览田园的时间

2. 以下哪组意象常用来表现乡村生活的宁静？（　　　）

A. 篱落、小径

B. 高山、流水

C. 山涧、密林

3. "儿童"这一意象在本诗中具有以下哪种特征？（　　　）

A. 聒噪吵闹，打扰作者休息

B. 天真无邪，纯洁的童真

C. 活泼好动，旺盛的生命力

四、学习评价

		自我评价	
知识掌握			
	第一题	☆	
	第二题	☆☆	
	第三题	☆☆☆☆☆☆	
语言品味		教师评价	
	第一题	☆☆☆	
	第二题	☆☆☆	
	第三题	☆☆☆	
文化理解		自我评价	
	第一题	☆	
	第二题	☆	
	第三题	☆	

评价标准：对应"自我检测"的三大类，答对一个空格得一星。

（邓博心）

稚子①弄②冰

[宋]杨万里

稚子金盆脱晓冰③，

彩丝穿取当银钲④。

敲成玉磬⑤穿林响，

忽作玻璃⑥碎地声。

> **诗歌大意**：
>
> 清晨，满脸稚气的小孩取出了冻结在盆中的冰块，
>
> 用彩线穿起来，当作银锣来敲打。
>
> 敲出的声音像玉磬一般穿越树林，
>
> 忽然冰锣敲碎落地，发出美玉摔碎般的声音。

学习目标

1. 理解"弄"在诗中指的是玩，"玻璃"指的是古时候的一种天然玉石；能理解"银钲"的意思，它指的是一种金属打击乐器；能理解"玉磬"的意思，感受稚子把手上的冰块当成一种打击乐器的童趣。

2. 通过诗中所描写的一系列儿童"弄冰"的动作，了解诗句中所描绘的这一幅充满稚气而又诗意盎然的"脱冰作戏"的场景，并能够用自己的语言介绍出来；感受稚子从欢喜到失望的心理变化。

3. 通过模仿表演，体会儿童的单纯可爱和童年的天真美好，从中感悟诗歌的情趣盎然，得到更多美的享受。

学习过程

一、学习准备

1. 正确朗读，注意停顿。

2. 理解古诗题目。

3. 了解作者和创作背景。

二、熟读成诵

1. 分小组反复诵读，分享对诗句的理解。

2. 背诵诗歌，体会儿童天真可爱的形象特点。

3. 结合诗歌内容，合理想象。选择一句诗或者整首诗，分享对古诗内容的理解和体会。

三、自主学习

1. 以小组为单位，借助资源包中的"学习资料"进行自主学习。

（1）阅读"学习资料"。

（2）以小组为单位，讨论以下两个问题：

① 诗题中的"弄"具体指稚子做了些什么？

② 作者是如何来描写儿童玩耍时的心理变化的？

2. 完成自测。

四、情境表演

1. 了解作者杨万里以及本诗的创作背景，深入理解古诗内容和意境，体会主人公的调皮可爱。

2. 根据诗歌中的故事内容创编剧本，将诗歌故事内容以表演的形式呈现出来。

3. 小组安排不同角色、服装、道具，准备场地和配乐。

4. 评一评。

		评价标准	自我评价	小组评价	教师评价
情境表演	情景构建	☆能抓住诗歌的季节特征	☆☆☆	☆☆☆	☆☆☆
		☆☆能结合诗歌内容进行地点的变换			
		☆☆☆能合理使用道具进行表演			
	人物演绎	☆基本能够体现儿童玩冰的过程	☆☆☆	☆☆☆	☆☆☆
		☆☆较为准确地表现出"脱""穿取""敲"等动词			
		☆☆☆能够运用道具精准地呈现出一系列的动作			
	情感表达	☆能够在模仿的过程中感受稚子的天真可爱	☆☆☆	☆☆☆	☆☆☆
		☆☆能入情入境通过动作体现出稚子在玩冰过程中的情绪体验			
		☆☆☆能通过细腻传神的动作感受到儿童从开心到失望的心理变化			

📁 附学习资料

师者感言

　　童年不仅充满欢声笑语,也充满天真和美好。我们可以通过古诗词品读童年的趣事,感受儿童的天真和无邪,这首《稚子弄冰》便向我们展示了孩童天真、可爱的模样,情趣横生,余味无穷,给人以美的享受。

　　整首以一个"弄"字贯穿全诗。诗人通过描写"稚子弄冰"的一系列动作向我们展现了冬天儿童玩冰的过程,生动有趣、细致传神而又惟妙惟肖。眼前仿佛突然出现了一个天真活泼的孩童形象,童年的欢乐美好也能够让读者产生强烈的共鸣,读罢让人回味无穷。

说文解字

🐾 字形演变

甲骨文　　　金文　　　小篆　　　楷书

🐾 意义表达

　　"弄"是会意字。甲骨文和金文皆从廾,从玉,会双手把玩玉璧之意。小篆整齐化。隶变后楷书写作"弄"。

　　(1)弄的本义为把玩,读作 nòng。如《诗经·小雅·斯干》:载弄之璋,载弄之瓦。引申指戏耍、游戏。如李白《长干行》:绕床弄青梅。又引申指作弄、欺侮。如戏弄;

　　(2)用作名词,则指乐曲。如梅花三弄;

　　(3)又读作 lòng,常用作弄堂,是上海人对于里弄的俗称。

诗海撷英

　　儿童急走追黄蝶,飞入菜花无处寻。　　　　　　——杨万里《宿新市徐公店》

小娃撑小艇，偷采白莲回。　　　　　　　——白居易《池上》

最喜小儿亡赖，溪头卧剥莲蓬。　　　　——辛弃疾《清平乐·村居》

牧童归去横牛背，短笛无腔信口吹。　　——雷震《村晚》

析情赏文

全诗选取了稚子弄冰的不同场景，没有采取直接描写，而是通过描写稚子弄冰发出的响声和生动的比喻展现人物的心情，以一个长者的角度去挖掘、展现稚子玩耍时的乐趣。那么诗人是怎么展现出来的呢？

我们先来看古诗的前两句"稚子金盆脱晓冰，彩丝穿取当银钲"。早晨起来，满脸稚气的小孩取出了冻结在盆中的冰块，用彩线穿起来，当作银锣来敲打。严寒的冬季水才能结冰，直接用手触摸冰块是十分寒冷的，而稚子却把它当成乐器来玩耍，写出了孩童爱玩的特点；在成人看来，寒冷的冰块有何好玩之处？但是在孩童的世界里，这冰块可以穿上彩丝当成锣敲。彩线银锣，多么美丽啊！这句诗写出了孩子十分调皮但是又很聪明可爱的特点，也反映出诗人杨万里善于观察、发现日常生活中的情趣。

再来看古诗的第三句"敲成玉磬穿林响"。这句详细描写了孩童一边敲打着银锣一样的冰块，一边在林间奔跑的场景。"穿"字是动词，是孩童奔跑穿梭，也是声音的传播。这句诗写出孩童当时得到"银锣"以后欣喜若狂的心情，而孩童当时欢呼雀跃的样子也跃然纸上。

最后一句"忽作玻璃碎地声"。突然，意想不到的事情发生了，孩童的心理也产生了变化。诗人在这里并没有写出来，戛然而止。但想象得出，当时内心一定是十分意外和遗憾的——先是呆呆地站在那里望着地上碎裂的冰块，有些难过。但是，玉石落地的声音给人感觉却是优美的，也许他瞬间不再伤心，而是感到开心。给人感觉既出乎意料之外，又合乎情理。冰块是很重的，却被孩童用纤细的丝线提着，试想掉下来也是理所应当的。冬天地面上已经结冰，落地摔碎也是自然的。但孩童并没有想到那么多，自顾自地奔跑、跳跃呀，最后摔碎了"银钲"。整首诗把孩童可爱活泼的形象刻画得栩栩如生，充满童趣。

全诗形色兼备，使人的视觉和听觉都得到了享受，给人赏心悦目的感觉，生动形象地表现出孩童天真可爱、自由自在的情趣。孩童与老人在心理特征上有不少相通之处。因此，稚子弄冰的场景在老人看来才会显得如此富有情趣。

诗人正是以这种老少相通的心理特征为基础，将身边的童趣转化为了诗趣。不仅从孩童的心理入手，描写"弄冰"的一系列场景；还从成人的心理世界去体会稚子的"弄冰"。因此,诗人便借此融合成了充满童趣、情趣的《稚子弄冰》。杨万里善于发掘、尊重孩童纯真无邪的内心世界,才能把稚子弄冰的场景写得如此生动形象而又富有乐趣,这也符合杨万里诗歌"诚斋体"的风格特点。

创作背景

此诗作于公元 1179 年(宋孝宗淳熙六年)春,杨万里当时在常州任上。打春牛是古时的传统习俗,在立春的前一日用土牛打春,预示着迎接春天的到来。当孩童看到大人们打春牛的场景,早晨起来又看到盆里的水已经结成了冰块,因此就模仿打春牛取冰敲冰,发出如乐器一般的声音。杨万里看到这一有趣的场景便创作了这首《稚子弄冰》,流传至今。

知物谈艺

稚子

"稚子"作为人物意象,常常出现在很多诗人的作品中。他们纯净无瑕、天真烂漫、悠然自在,可以让诗人感受到宁静平和、返璞归真的乐趣。明朝李贽《童心说》中写道:"夫童心者,绝假纯真,最初一念之本心也。"是的,童心是绝对不掺假的纯正的心,这是人生初始阶段的本性之心。刘禹锡在《伤往赋》中也曾表达出对纯真孩童的喜爱:"诚天性之潜感,顾童心兮如疑。"这句话的意思是说人们应该珍惜孩子天真的童心,因为这实在是天性中一种潜在而无形的感应。诗人喜爱孩童也羡慕孩童,在他们的笔下,孩童是"弄冰"的"稚子"。是"学垂纶"的"稚子",是"撑小艇"的"小娃",是"松下"的"童子",是"短笛无腔"的"牧童",亦是"怡然自乐"的"垂髫"。

冰

"冰"作为古诗词中的常见意象,常常和"雪"在一起使用。一般以冰的晶莹剔透来象征心志的忠贞和品德的清高、高尚。如"洛阳亲友如相问,一片冰心在玉壶"(王昌龄《芙蓉楼送辛渐》),这里的"冰心"指的就是高洁的心性,古人用"清如玉壶冰"来比喻自己高洁的品性。再如"应念岭表经年,孤光自照,肝胆皆冰雪"(张孝祥《念奴娇·过洞庭》),在岭南过了一年宦官生活的张孝祥以"冰雪"自喻,这里的"冰雪"指的就是自己光明磊落、冰清玉洁的品德。

玻璃

这里并不是指现在的玻璃,而是指古代的一种天然玉石,别名水玉。玻璃作为一个汉代外来词,后来逐渐被赋予了中国传统文化的内涵,由原所指的玉名或水晶,后代表纯澈的水面或者纯净的天空等等。再后来,玻璃这一意象则演变为个人内心世界的投影。

延展阅读

嗜茶如命的杨万里

杨万里留下的诗文中有很多与茶有关,由此也可看出他一生嗜茶的个性,有时竟然达到不顾自己身体的程度。他有一首《武陵源》的词,其中有词句如下:"旧赐龙团新作祟,频啜得中寒。瘦骨如柴痛又酸,儿信问平安。"

因为茶性寒,过量饮茶对身体并不好,但杨万里为了饮茶,不顾身体受寒以至获病,这一点他在这首词的序中已然承认:"老夫茗饮小过,遂得气疾。"此外,他嗜茶如命的性格在其《不睡》一诗中再一次有所体现:"夜永无眠非为茶,无风灯影自横斜。"

杨万里还取饮茶作为他的读书之法,他在《诚斋集·习斋论语讲义序》中说:"读书必知味外之味。不知味外之味,而曰我读书者,否也。《国风》诗曰:'谁谓茶苦,其甘如荠',吾取以为读书之法焉。"古时"茶"即为茶,在《尔雅》中也称茶为苦茶。杨万里认为读书是一件辛苦的事情,但读书后的获益却如同"荠"一样甘甜,这与饮茶是一样的道理。

杨万里为官清正廉明,他归隐回乡后,两袖清风,诗人徐玑称赞他"清得门如水,贫惟带有金"(《投杨诚斋》)。这也说明他品茶、爱茶,也欣赏茶的清澈澄明的品性,而将其作为人之道。此外,他还以茶之清明,赞誉朋友的气质风骨:"故人气味茶样清,故人风骨茶样明。"足见杨万里品茶是从精神层面体味茶的味外之味。

(选自搜狐网,《古代文人茶趣:诗人杨万里与茶的故事》,2016)

学子慧言

_____

_____

_____

_____

_____

📖 参考文献

[1] 张鸣.中国古代文学作品选(下册)[M].北京:中央广播电视大学出版社,2007.

［2］徐晓莉.中国古代经典诗词文赋选讲［M］.天津：天津古籍出版社，2006.

［3］章楚藩.杨万里诗歌赏析集［M］.重庆：巴蜀书社，1994.

［4］古代文人茶趣：诗人杨万里与茶的故事［EB/OL］.http://www. fjteaw. cn，2016.

［5］诗人杨万里的故事［EB/OL］. https://www3. tjxdjx. cn/nansongshirenyangwanli/，
　　2021.

自 我 检 测

一、知识掌握

1. 杨万里字＿＿＿＿＿＿＿，人称＿＿＿＿＿＿＿居士。＿＿＿＿＿＿＿抚州临川人，与
　＿＿＿＿＿＿＿、尤袤、范成大并称为"中兴四大诗人"。（　　　）

　　A. 延秀　山诚　南宋　李清照

　　B. 延秀　诚斋　北宋　陆游

　　C. 延秀　山诚　北宋　李清照

　　D. 延秀　诚斋　南宋　陆游

2. 解释加点字。

　　彩丝穿取当银钲　　敲成玉磬穿林响

　　银钲：＿＿＿＿＿＿＿　　玉磬：＿＿＿＿＿＿＿

3. 《稚子弄冰》全诗突出一个"＿＿＿＿＿＿＿"字。天真和快乐让孩童忘却了严寒，
　正因为孩童的"稚气"与老人的"天真"有相通之处，因此，孩童"＿＿＿＿＿＿＿"的
　场景在老人看来才富有情趣。

二、语言品味

1. 诗句"稚子金盆脱晓冰"中"脱晓冰"让你仿佛看到了怎样的画面？

2. 说说诗句"彩丝穿取当银钲"所描绘的画面，你从中体会到了哪些乐趣？

3. 说说诗句"忽作玻璃碎地声"这一句中孩童可能发生的心理变化，寄托了作
　者怎样的情感？

三、文化理解

1. 诗句"稚子金盆脱晓冰"中，"稚子"的意象正确理解为（　　　）。

　　A. 充满智慧的孩子

　　B. 尚未成年的孩童

　　C. 头发凌乱的儿童

2. "冰"这一常见意象在古诗词中常常象征着（　　　）。

A. 纯净无瑕

B. 冰清玉洁

C. 冷酷如冰

3. 古诗词中的乐器,或弹出快乐,或奏出离愁,或敲响悲壮,《稚子弄冰》一诗中的"银钲""玉磬"则营造出(　　)的意境。

A. 孩童天真烂漫,充满活力

B. 孩童活泼调皮,敢想敢做

C. 孩童喧闹戏耍,异想天开

四、学习评价

	自我评价		
知识掌握	第一题		☆
	第二题		☆☆
	第三题		☆☆
语言品味	教师评价		
	第一题		☆☆☆
	第二题		☆☆☆
	第三题		☆☆☆
文化理解	自我评价		
	第一题		☆
	第二题		☆
	第三题		☆

评价标准:对应"自我检测"的三大类,答对一个空格得一星。

（陈欣芮）

自测答案

（仅供参考）

《秋夜将晓出篱门迎凉有感》

一、1. B 2. 黄河 迫近高天，形容极高 3. 中岳嵩山、东岳泰山、南岳衡山、北岳恒山

二、1. "三万里河东入海，五千仞岳上摩天"这两句意境阔大深沉。"入""摩"二字使人感到黄河广阔无垠，华山高耸雄伟。两句一横一纵，将山河的奇伟壮丽、苍茫无垠展现得淋漓尽致。 2. 不好。"泪尽"一词，千回万转，更含无限辛酸。眼泪流了六十多年，早已流干了。"尽"字饱含了遗民的苦痛，揭示了他们生活的悲惨。"滴"和"流"二字指还能流出眼泪，表达效果没有"尽"好。

3. 遗民的眼泪早已流干了，他们年年盼望着南宋能够出师北伐，可是此愿从未成真。诗人借写遗民的苦望，实则表达自己的失望之情，希望能激起南宋当国者收复失地之志。

三、1. B 2. B 3. A

《示儿》

一、1. B 2. 同"原"，本来 统一 3. 王师北定中原日，家祭无忘告乃翁。

二、1. "元""空"二字，表达了陆游临死前生无所恋、死无所畏的生死观，即人死后，万事万物都随之湮灭，逝者也无牵无挂了。此外，它们也为下一句起到了有力的反衬作用，表现出诗人"不见九州同"则死不瞑目的强烈心情。

2. "但"字用得非常好，它揭示了诗人产生伤感情绪的原因，这里不是指个人生死、荣辱得失，而是没有看见祖国统一的悲痛，深刻地反映了诗人内心强烈的爱国之情。 3. 不同意。诗的前两句让人感受到陆游因"不见九州同"而死不瞑目的悲哀和遗憾，但在后两句诗中，陆游深情地嘱咐儿子，在家祭时千万别忘记把"北定中原"的喜讯告诉自己。这表明诗人虽然沉痛，但并没有完全绝望。他

坚信,总有一天,大宋军队会平定中原,收复北方。至此,诗歌的基调已由悲痛转化为激昂。

三、1. A　2. C　3. B

《题临安邸》

一、1. 吹,用于温暖馥郁的风　简直　2. 西湖歌舞几时休　3. C

二、1. 这一句勾勒了南宋临安城的繁华。但在北宋被灭,南宋统治者逃亡至此的历史背景下,诗人笔下的临安越是美丽和繁华,便越能衬托出南宋朝廷的腐败无能,也越能映照出作者对南宋朝廷不思收复失地的心痛、愤怒、失望和对国家命运的担忧。　2. 赞成。诗句中,"杭州"就是南宋都城临安,"汴州"则是北宋都城开封。南宋的达官显贵们,每天在西湖边醉生梦死,简直把临安当作了故都汴州。所以,在这句诗中,诗人辛辣的讽刺、强烈的愤慨之情,达到高潮。　3. "熏"字用得好。"熏"与"醉"字连用,深刻地勾勒出南宋当朝者们的苟且偷安之态:那些沉迷享乐之人,已忘记了国仇家恨,西湖边上阵阵微风将他们吹得如醉如迷,醉生梦死。

三、1. C　2. C　3. B

《闻官军收河南河北》

一、1. 子美　少陵野老　诗圣　李白　2. A　3. 白日放歌须纵酒,青春作伴好还乡

二、1. 说"喜欲狂"是全诗的基调,是因为全诗每一句都在抒发作者无比喜悦的心情——首联的"涕泪满衣裳"是悲喜交集、喜极而泣,颈联的"放歌""纵酒"是因为喜悦而表现出了"狂"态和"狂"想。尾联的四个地名则表现出作者大喜之下,急切归乡的情感。而颔联中,作者更是将"喜欲狂"三字直抒胸臆,诉诸笔端,也就使这三字成为诗中情感的最高峰。　2. 创作此诗时,杜甫正身在梓州(今四川绵阳),弹指之间,诗人的心已回到故乡。"巴峡"与"巫峡","襄阳"与"洛阳",形成工整的地名对,再用"穿""向""从""下"把四个地名串起来,迅急如闪电,形象地展现了"快"的复杂内涵。这两句诗不仅传神地表达了诗人想象的飞驰,而且也深刻地展示了诗人此时迫不及待想要回到家乡的急切之情,故而成就了杜甫"生平第一快诗"的美誉。　3. "初闻涕泪满衣裳"看似是神态描写,实则生动、深刻地再现了"初闻"捷报之时杜甫复杂的感情变化。它与前一句"忽传"相呼应,表现了捷报来得太突然,在"初闻"的一刹那,杜甫的内心一下子涛翻浪涌,回想起八年来经历的苦难,不禁悲喜交集、喜极而泣,可谓"以形传

神"，令读者动容。

三、1. C　2. A　3. B

《出塞》

一、1. 只要　令，使　2. C　3. C

二、1. 这一句诗从时间、空间打开历史的坐标轴，勾勒出一幅冷月照边关的景象，自然地就形成了一种苍茫雄浑的意境。使用"秦时""汉时"两个时间定语，令人联想到自秦汉以来持续不断的边患和战争。汉关秦月，无不是融情入景，浸透了人物的感情色彩。　2. 不矛盾。诗歌表达了作者的矛盾心理，既有对久戍士卒的浓厚同情和结束这种边防不顾局面的愿望，又流露了对朝廷不能选贤任能的不满，最后作者以大局为重，认识到战争的正义性——希望起任良将，早日平息边塞战事，使人民过上安定的生活。　3. 这首诗把复杂的内容熔铸在四行诗里，深沉含蓄，耐人寻味。全诗大气磅礴，一气呵成，上下五千年，纵横八万里，既有意象上的时空交错，又有文化上的深厚渊源，更有典型英雄形象的呼之欲出，还有绵绵不绝的人文关怀，可谓在最平实无华的主题中，凝练了贯穿时空的永恒思索。

三、1. B　2. C　3. C

《长相思》

一、1. A　2. 声音嘈杂，这里指风雪声　故乡　3. B

二、1. 长路漫漫，前方的路一眼望不到头，回看身后，送别亲友的身影逐渐模糊，最终消失不见。将士们跋山涉水，马不停蹄地向着山海关进发。眼前的青山绿水渐渐变为黄沙白茅，天空密布阴云，呼啸而来的狂风中夹杂着沙土，将士们知道，他们离寥无人烟的荒原越来越近了。　2. 作者梦见在自家的院子里，他和父母、妻子、孩子全家人围坐在一起，品品美食，聊聊家常，说说笑笑，气氛好不融洽。　3. "夜深千帐灯"承接前两句的叙事，表明到了夜晚，人们搭帐篷准备就寝了。同时也开启了下片，从叙事转为写景，另外，整个下片都在交代在"千帐灯"下，作者深夜不眠的原因。所以说"夜深千帐灯"起到承前启后的作用。

三、1. B　2. A　3. C

《元日》

一、1. C　2. 屠苏酒　明亮的样子　3. 正　初一　放爆竹　饮屠苏　换桃符　B

二、1. 在温暖的春风中,人们开怀畅饮起屠苏酒,迎来了春节这一传统节日。一个"暖"让我们感受到了春节时一派欢乐、祥和而又温馨的景象。 2. 初升的太阳照耀着家家户户,给人感觉十分温暖,象征着生活充满希望。 3. 这句诗写了春节时期,人们换桃符辞旧迎新的场景,同时也是在告诉人们新事物终究取代旧事物,寄托着作者内心对新政胜利推行的信心和期望。

三、1. A 2. C 3. B

《清明》

一、1. 牧之 樊川居士 唐朝 李商隐 小李杜 《泊秦淮》《赤壁》 2. 请问 远 3. 清明时节雨纷纷,路上行人欲断魂

二、1. "纷纷"表示细雨纷纷,说明雨下得小而密。这里的"纷纷"不单单形容雨,更是人物心情的写照。佳节行路之人,已经有不少心事,再加上身在雨丝风片之中,纷纷洒洒,冒雨行路,那心情更是加倍的凄迷纷乱,愁上加愁了。

2. 在诗歌里,"魂"多半指向精神、情绪方面。"断魂",是形容那种十分强烈、可是又并非明显外露的感情,比如不可名状的惆怅失意等。清明节是一个色彩和情调都很浓郁的大节日,倘若赶上孤身行路,触景伤怀,那就更容易惹动人的心事,平添一层情绪,或惆怅,或思念。 3. 走着走着,杜牧觉得累了,想找个地方歇息一下。心有愁绪的杜牧便想借酒浇愁,同时也给自己去去寒气。但此处是郊外,远离市集,并无酒肆可以停歇。杜牧连着问了好几个人,都说不清楚附近是否有酒肆。这时,一个小童赶着三只黄牛往这边走来,杜牧往前走了几步开口问路,小童指了指远处说道,顺着这条路一直走到"杏花村",就有客栈酒肆了。

三、1. B 2. C 3. 扫墓祭祖 踏青郊游 插柳

《乞巧》

一、1. B 2. 夜晚 天空 3. A B

二、1. "乞巧"指的是古代七月初七这天傍晚,年轻妇女和姑娘们先向织女星虔诚跪拜,乞求织女保佑自己心灵手巧,再把事先准备好的五彩丝线和七根银针拿出来,对月穿针赛巧。它反映出古代妇女热爱劳动、热爱生活的积极向上的态度。 2. 示例:飞流直下三千尺,疑是银河落九天。/三万里河东入海,五千仞岳上摩天。 3. "家家""尽"反映出乞巧当天,每家每户都在赏月,所有的女子都在对月穿针,甚至把世间的红丝都穿完了。这两个词语非常生动形象地表现出了唐朝时的七夕盛况。

三、1. C 2. D 3. A、B

《九月九日忆山东兄弟》

一、1. 摩诘 摩诘居士 诗佛 诗中有画 画中有诗 2. 他乡、外乡 美好的节日 3. 重阳节 佩戴茱萸的兄弟们会不会想到少了我而遗憾 独自在外、人地两疏的情形下的落寞

二、1. 不重复，因为一个"独"字，两个"异"字，虽然看起来略显重复，但其实是通过反复咏叹这一个"异"字，强调自己作为一个身处异乡、形单影只的少年初到京城求学，人地两疏，与周围的环境格格不入，这让人感到不踏实，内心倍感孤独。 2. 倒过来写家人思念自己是王维的首创。这首诗本来是表现自己思念兄弟，却倒过来写，偏说兄弟思念自己。"遍插茱萸少一人"把两层意思合在一起写，不但具有言简意丰的简约美，更主要的是刹那间把弟兄之情沟通了，令人有时空的对话感。 3. 这句诗措辞浅显易懂，简单明了，没有任何文字理解上的障碍，为广为流传提供了良好的言语基础。佳节往往是家人团聚的日子，而且往往和家乡风物的美好记忆联结在一起，这种体验人人都有，而王维用这样朴素无华而又高度概括的诗句成功表现出来，就成为中国人节日思想的最佳表达。

三、1. A 2. B 3. 登高宴饮 佩茱萸 赏菊花

《赠刘景文》

一、1. D 2. 凋谢、枯萎 举，向上托 3. 荷 菊 橙 橘 C

二、1. "傲霜"是指菊花虽已开败，菊枝不怕霜冻寒冷，坚强不屈。让我感受到它坚强不屈，傲寒斗霜的气节。 2. 那曾经碧叶接天、红花映日的荷花凋谢了，连那曾经擎雨的荷叶也枯萎了，而那开败的残菊，虽然还有余香，却已经是枝无全叶，只有那挺拔的枝干还在傲寒斗霜。 3. 橘树经冬不凋，四季常绿，如此品性又超越了荷与菊，甚至可与松柏相媲美。因此，苏轼通过对"橙黄橘绿"的颂扬来勉励朋友，生机盎然的秋末冬初，正是一年中最美好的风光。人过中年则是人生的成熟季，不要意志消沉，应该乐观向上地看向未来。

三、1. B 2. A 3. B

《别董大》

一、1. 天上的乌云，在阳光下乌云是暗黄色 昏暗 2. C 3. B

二、1. 这是一个风雪迷茫的送别场景。千里浮云在落日的照射下变得暗黄，在呼啸的北风中，只见空中只只断雁艰难前行，大雪也纷纷扬扬地落了下

来。　2. 作者此时正处在困顿不得志的境遇之中,但他没有因此沮丧、惆怅,反而以充满信心的口吻鼓励友人踏上征途,表现出他豪迈豁达的胸襟。这也是作者对自己的勉励,是作者自信和乐观的体现。　3. 相同:表达了对友人的不舍;不同:一般送别诗多描写离愁别绪,这首诗则具有慷慨悲歌、豪放雄壮的色彩。诗人胸襟开阔,临别赠言说得激昂慷慨,在慰藉中给友人以信心和激励。

　三、1. C　2. C　3. B

《芙蓉楼送辛渐》

　一、1. D　2. 连成一片,形容雨大　独自,孤单一人　3. 寒雨　平明　楚山　C

　二、1. "连江"写出雨势的平稳连绵,让人感知到江雨悄然而来的动态。迷蒙的烟雨笼罩着吴地江天,织成了一张无边无际的愁网。　2. 夜雨传达着萧瑟的秋意,渲染出离别的气氛。寒意不仅弥漫在满江烟雨之中,更沁透在两个离人的心头。清晨,天色已明,辛渐即将登舟北归。诗人遥望江北的远山,想到友人不久便将隐没在楚山之外,而留在吴地的自己却只能像这孤零零的楚山一样,伫立在江畔,空望流水的逝去,孤寂之感油然而生。　3. 早在六朝刘宋时期,诗人鲍照就曾用"清如玉壶冰"来比喻高洁清白的品格,王昌龄从清澈无瑕、澄空见底的玉壶中捧出一颗晶亮纯洁的冰心以告慰友人,这是一种自信,也是一种自勉,传达自己依然冰清玉洁、坚持操守的信念。

　三、1. C　2. B　3. C

《黄鹤楼送孟浩然之广陵》

　一、1. A　2. 尽头,消失了　只　3. 湖北武汉　滕王阁　岳阳楼　鹳雀楼

　二、1. "黄鹤楼"表明送别地点,"西辞"指出黄鹤楼和扬州的地理位置,即黄鹤楼在扬州以西。　2. 春光明媚,和风拂过柳枝,枝条翩跹,柳絮如烟,各色花儿争相开放,透过艳丽的春景,仿佛看到扬州也是这般花团锦簇。　3. 这两句诗并不单纯是写景。李白对孟浩然的深情,正体现在对逝去帆影的凝望中,滚滚东去的一江春水,也暗示了他波涛汹涌的内心。诗人巧妙地将惜别之情与自然景物交融在了一起。

　三、1. B　2. A　3. B

《所见》

　一、1. 子才　简斋　清朝　《小仓山房集》　南袁北纪　2. 想要　闭上嘴

巴,不发出声音　3. 牧童骑黄牛,歌声振林樾。

二、1. "振"的意思是振荡、回荡,说明牧童的歌声嘹亮。通过"振"字,体会到牧童悠闲自在、无忧无虑的心情。他几乎完全陶醉在大自然的美景之中,简直不知道世间还有"忧愁"二字。正因为心中欢乐,才不禁引吭高歌。
2. 正当牧童高声歌唱的时候,耳畔突然传来一阵阵蝉鸣声,小牧童立刻闭上嘴巴,竖起耳朵,心想:我要把这只蝉捉回家! 牧童心里是又惊又喜啊!　3. 或是嘴巴不出声地呆站着,或是鬼鬼祟祟地站在一棵树下仔细地辨明蝉鸣的方向,或是已经发现鸣叫的蝉,正小心翼翼地向蝉慢慢靠近。

三、1. A　2. B　3. C

《宿新市徐公店》

一、1. A　2. 奔跑着、快追。走,是跑的意思。寻找　3. 篱落　一径　新绿　急走　追　飞入

二、1. 这首诗写的是暮春的景色,小路旁边的树上刚刚长出新叶,这是暮春才有的景色。黄蝶飞入大片的菜花无处寻找,菜花也是在暮春时节开放。
2. 这两句诗运用了静态描写的手法。疏疏的篱落与窄小的一径相对照,稀稀疏疏与绵绵长长相对照,互相映衬;路旁,树枝上的桃花、李花已经落了,但树叶还没有长得茂密,表现出农村一派清新自然和宁静朴素的风貌。　3. 远处忽然传来一阵银铃般的笑声,天真无邪的儿童蹦蹦跳跳地跑了过来。突然,他停下脚步,静静地看着一只停在油菜花上的金蝴蝶。于是他屏住呼吸,悄悄地走过去,慢慢伸出双手……只见孩子的脸上写满了快乐。他透过手指间的缝隙看向自己捉住的那只金蝴蝶,却惊奇地发现金蝴蝶不知什么时候飞走了。再抬头看时,调皮的金蝴蝶早已飞进黄色的油菜花海中,不知所踪了。

三、1. A　2. A　3. B

《稚子弄冰》

一、1. D　2. 银锣　古代的一种敲击乐器　3. 弄　弄冰

二、1. 儿童早晨起来,将夜间冷冻在金属盆中的冰取下来。　2. 天真可爱的儿童用彩线穿过冰块,把它当成银锣来敲打,说明这个儿童既顽皮,又心灵手巧,充满着童真和童趣。　3. 儿童在玩耍的过程中,突然意外发生了,儿童的心理也发生了变化。可以猜想他当时内心一定是难过、遗憾的,也或许儿童并没有想那么多,但可以看出诗人发自内心尊重儿童的天真,善于捕捉生活中的童趣。

三、1. B　2. B　3. A